国家级职业教育规划教材
全国技工院校市场营销专业教材（中级技能层级）
全国中等职业学校市场营销专业教材

（第三版）

MARKETING

商务谈判实务

杨毅玲　何秀兰　主编

中国劳动社会保障出版社

简介

本教材为国家级职业教育规划教材，由人力资源社会保障部教材办公室组织编写。教材共分五个章节，具体内容包括：商务谈判概述、商务谈判的准备工作、商务谈判的实施过程、商务谈判的策略与技巧、商务谈判的法律规定等。每章配有思考与练习，帮助学生巩固所学知识。

本教材由杨毅玲、何秀兰任主编，唐铭培、郑春欣、陈高梅、江伟强、张穗文、林勤、张薇参加编写。

图书在版编目（CIP）数据

商务谈判实务 / 杨毅玲，何秀兰主编. -- 3版. -- 北京：中国劳动社会保障出版社，2019

全国技工院校市场营销专业教材（中级技能层级） 全国中等职业学校市场营销专业教材

ISBN 978-7-5167-4049-1

Ⅰ. ①商… Ⅱ. ①杨…②何… Ⅲ. ①商务谈判－中等专业学校－教材 Ⅳ. ①F715.4

中国版本图书馆 CIP 数据核字（2019）第 106797 号

中国劳动社会保障出版社出版发行

（北京市惠新东街 1 号 邮政编码：100029）

*

北京市艺辉印刷有限公司印刷装订 新华书店经销

787 毫米 ×1092 毫米 16 开本 8 印张 124 千字

2019 年 7 月第 3 版 2021 年12月第 4 次印刷

定价：16.00 元

读者服务部电话：（010）64929211/84209101/64921644

营销中心电话：（010）64962347

出版社网址：http://www.class.com.cn

http://jg.class.com.cn

前言

全国中等职业技术学校市场营销专业教材自出版以来，在学校教学中发挥了重要作用。近年来，随着经济的发展，我国市场营销环境也发生了巨大的变化，这对市场营销从业人员的职业素养和知识、技能水平都提出了更高的要求。为适应这一变化，满足学校培养人才的需求，我们组织了一批骨干教师与行业、企业专家，在充分调研的基础上，对现有教材进行了修订。

本次教材修订工作的重点主要体现在以下几个方面：

第一，完善了教材体系。根据目前职业院校市场营销专业的教学实际，将《店铺陈列》《店铺促销》《连锁经营与管理》等教材整合为《店铺经营与管理》，增加了《市场调查》教材。调整后，整套教材体系更加科学、完善，也更便于教学。

第二，更新了教材内容。针对市场营销专业的现状和发展趋势以及企业的岗位需求，调整、补充和更新了相关教材的结构和内容，使教材更具时代感和前瞻性。增加了实践性教学内容的比重，在主要技能课教材中加入实训项目，并配以详细的操作指导，以引导学生运用所学知识分析和解决实际问题。

第三，改进了教材表现形式。针对学生的认知规律，在教材编写上尽可能多地以图表代替冗长的文字叙述，使教材更加生动，易于学习。同时，对上一版教材的栏目设置进行了整合、优化，使其脉络更加清晰，提高了教材的可读性和实用性。

第四，加强了教材配套资源建设。在修订教材的同时，修订了配套习题册和电子课件。电子课件及习题答案可通过职业教育教学资源和数字学习中心

（http://zyjy.class.com.cn）免费下载。在部分教材中使用了二维码技术，针对教材中的教学重点和难点制作了案例文本、演示视频等多媒体素材，学生使用移动终端扫描二维码即可在线观看相应内容。

本套教材的编写得到了有关学校的大力支持，教材编审人员做了大量的工作，在此我们表示衷心的感谢！同时，恳切希望广大读者对教材提出宝贵的意见和建议。

人力资源社会保障部教材办公室

目录

第一章 商务谈判概述

商务谈判是在商品经济条件下产生和发展起来的，它已经成为现代社会经济生活必不可少的组成部分。可以说，没有商务谈判，经济活动便无法进行，小到生活中的讨价还价，大到企业法人之间的合作、国家与国家之间的经济技术交流，都离不开商务谈判。

学习目标

1. 了解商务谈判的概念、基本要素、特点和作用
2. 熟悉商务谈判的基本原则及评价标准
3. 熟悉商务谈判的形式与内容
4. 掌握商务谈判的基本理论

K公司是一家电视机生产厂家，生产各种型号的电视机。H公司是一家销售电视机的商家。在某次商务谈判中，H公司向K公司提出以代销方式合作的要求，因为这样风险较小。而K公司由于产品积压较多，资金周转困难，迫切需要一笔运转资金。因此，K公司在谈判中坚持要求以经销方式合作。K公司首先使用低价策略，然后又主动提出派出技术人员协助H公司宣传和销售。当H公司提出有运输困难时，K公司立即承诺由他们负责运输工作。这样，一笔交易便谈成了。

请谈谈阅读此案例后你对商务谈判的感受。

第一节　商务谈判的内涵

一、商务谈判的概念

商务谈判是买卖双方为促成交易或解决双方争端，并取得各自的经济利益而进行的活动。

二、商务谈判的基本要素

商务谈判的基本要素包括谈判的主体、谈判的客体和谈判的目标。

1. 商务谈判的主体

商务谈判的主体由行为主体和关系主体构成。行为主体是实际参与谈判的人，关系主体是在商务谈判中有权参加谈判并承担后果的自然人、社会组织及其他能够在谈判或履约中享有权利、承担义务的各种实体。

2. 商务谈判的客体

商务谈判的客体是指谈判的议题和各种物质要素结合而成的内容。

3. **商务谈判的目标**

谈判是具有利害关系的参与各方出于某种需要，在一定的时空条件下，就所关心或争执的问题进行互相协调和让步，力求达成协议的过程和行为。商务谈判的目标是人们试图通过谈判能达成的结果，一般可分为最优期望目标、可接受目标和最低限度目标。

课堂思考

我们生活中有什么商务谈判的例子？

三、商务谈判的特点

商务谈判作为经营者开展商务活动的开路先锋，与其他商务活动相比，具有以下四个特点。

1. **谈判对象的广泛性和不确定性**

商务活动是跨地区、跨国界的。例如购销谈判，作为卖者，其商品销售范围具有广泛性；作为买者，其采购商品的选择范围十分广泛。因此，无论是买者还是卖者，其谈判的对象都可能遍及全国各地甚至全世界。但是，无论是买者还是卖者，每一笔交易都是同具体的交易对象完成的，而具体的交易对象在竞争存在的情况下是不确定的。

2. **谈判双方的对立性和合作性**

在商品经济社会中，人们在生产、交换、分配等方面存在着各自不同的物质利益，而参与商务谈判的双方都希望对方能按己方的意愿行事，所以利益上的矛盾和冲突在所难免。例如，在购销谈判中，卖方希望把价格定得尽量高一些，而买方则希望尽量压低价格，这反映了谈判双方行为上的对立性。没有这种对立，也就没有谈判的必要。相反，如果只有这种对立性，没有合作性，谈判也不会进行下去。

3. **谈判情势的多变性和随机性**

谈判的多变性和随机性是商务谈判中最常见、最富有挑战性的现象。商务活动处于竞争激烈且瞬息万变的市场中，作为商务活动重要组成部分的商务谈判，其进展和变化又和谈判主体的思维和行为方式有着密切的关系，因此，它不仅比一般商务活动变化更快、更丰富，而且也更难以预料。由于谈判中的议题、格局、环境和策略具有多变性，谈判会表现出各种各样的变化形式。多变性促使偶发因素的出现，带来了许多随机性。谈判中，随机性越大，变量越多，可控性就越小，就会给谈判双方带来更大的挑战，对谈判者提出更高的要求。

4. 谈判合同的准确性和严密性

商务谈判的结果是通过双方协商一致的协议或合同来体现的。合同条款实质上反映了各方的权利和义务，合同条款的严密性与准确性是保障谈判双方获得各种利益的重要前提。有些谈判者在商务谈判中花了很大气力，好不容易为自己获得了较有利的结果，但在拟订合同条款时掉以轻心，没注意合同条款的完整、严密、准确、合理、合法，被谈判对手在条款措辞或表述技巧上钻了空子，为此付出惨重的代价。这种例子在商务谈判中屡见不鲜，因此，在商务谈判中，谈判者不仅要重视口头上的承诺，更要重视合同条款的准确性和严密性。

四、商务谈判的作用

有商务活动就有商务谈判，商务谈判是商务活动过程中最关键的元素。随着市场经济的进一步发展，商务谈判在现代经济社会中扮演着越来越重要的角色，其作用体现在以下三个方面。

1. 商务谈判有利于促进社会经济发展

商务谈判并不是今天才出现的事物，但是，只有在商品经济发展到一定阶段时，才使商务谈判在社会经济生活中发挥出巨大的作用。这是由于商品经济崇尚等价交换，排斥一切特权干预，只有通过买卖双方的平等协商谈判，才能在互利的基础上达到双赢的结局，从而进一步促进商品经济发展。可以说，商品经济的发展，使商务谈判扮演了社会经济生活中的重要角色；商务谈判广泛运用于社会生产、生活的各个领域，又进一步促进了社会的繁荣、经济的发展，更好地实现了人们在平等互利基础上的联系，改善了相互的关系，提高了交易的成功率。

2. 商务谈判有利于提高企业经营效益

随着改革的进一步深化，市场体制逐步完善，企业拥有了充分的自主权和独立的经济利益，成为了真正独立的商品生产经营者。企业有权在国家宏观调控下进行生产经营活动，有权维护自己独立的经济利益和各种合法权益。这样，商务谈判就成为经济活动中企业之间以及企业与其他各种经济实体之间联系的主要媒介。企业通过商务谈判可以获得生产要素、销售产品、处理合同纠纷、磋商解决企业生产经营过程中所有涉及两方以上的任何问题等。所以说，商务谈判有利于提高企业经营效益。

3. 商务谈判有利于发展对外贸易

当今的世界经济是开放的经济，经济活动是在国际范围内拓展的。任何一个国家都不能只依靠本国的资源、生产能力、科学技术来满足国内的需求，而必须发展对外贸易，参与国际竞争。发展对外贸易则必须熟练掌握商务谈判的规律和技巧，并加以灵活运用。只有这样，才能在国际商贸活动中运筹帷幄，掌握主动。

课堂思考

试举例说明商务谈判的作用体现在哪些方面。

五、商务谈判的基本原则

商务谈判原则是指在谈判过程中，谈判双方必须遵守的思想和行为规则。商务谈判应当坚持平等自愿、真诚守信、互惠互利三项基本原则。

1. 平等自愿原则

平等自愿原则是商务谈判中必须遵循的原则。它要求商务谈判双方应在地位平等、自愿合作的条件下建立合作关系，并通过平等协商、公平交易来实现各方的权利和义务。

2. 真诚守信原则

真诚守信原则要求谈判者在基本的出发点上要诚挚可信、讲究信誉、言行一致，要在人格上取得对方的信赖。真诚守信原则还要求谈判者在谈判时，要观察谈判对手的谈判诚意和信用程度，以避免不必要的损失。

3. 互惠互利原则

商务谈判是为了追求利益，在谈判中不仅要维护己方的利益，还要考虑对方的利益，寻找双方利益的共同点，这样达成的协议才会使双方的利益持续不断地增长。

课堂思考

外国A公司与中国B公司针对出口工程设备的价格进行谈判。中方根据对方报价提出了意见，希望对方考虑中国市场的竞争性和该公司第一次进入市场，能够降低价格。A公司做了一番解释后仍不降价。双方几番交涉，毫无结果，谈判不欢而散。

上述案例违反了商务谈判的哪条原则？

第二节　商务谈判的形式与内容

一、商务谈判的形式

商务谈判的形式是指为交换谈判内容所采取的方式，一般分为口头谈判、书面谈判和网络谈判三种形式。

1. 口头谈判

口头谈判是指谈判双方在会谈时，不提交任何书面形式的文件，而是面对面地洽谈、协商口头提出的交易条件，或者在异地用电话商谈的谈判形式。

口头谈判的优势：有利于谈判双方当面提出条件和意见，便于谈判者察言观色，掌握对方心理，施展谈判技巧。

口头谈判的劣势：一般要在谈判期限内作出成交与否的决定，没有充分的考虑时间，因而要求谈判人员具有较高的决策水平，一旦决策失误，就可能给自己造成经济损失或者失去成交的良机；一般要支付差旅费和礼节性招待费，费用开支较大。因此，它适用于首次交易谈判、同城或相近地区的商务谈判、长期谈判、大宗交易谈判或者贵重商品的谈判。

2. 书面谈判

书面谈判是指买卖双方利用信函、电报、传真等通信工具所进行的谈判。它要求卖方或买方以函件、电报等为载体，将交易要求和条件通知对方并规定对方答复的有效期限。

书面谈判的优势：第一，可以使双方对问题有比较充足的考虑时间，有益于慎重决策；第二，书面谈判一般不需要谈判者四处奔走，可以节省谈判费用；第三，可以避免因谈判者的级别、身份不对等而影响谈判的开展和交易的达成。

书面谈判的劣势：第一，书面谈判多采用信函、电报等方式，要求文字精练，如果文不达意，容易造成双方理解差异，引起争议和纠纷；第二，由于谈判双方不见面，因而无法通过观察对方的语态、表情以及习惯动作等来判断对方的心理活动，从而难以运用行为、语言技巧实现有效沟通；第三，书面谈判所使用的信函、电报需要邮电、交通部门的传递，如果这些部门发生故障，则会影响双方的联系，甚至丧失交易的时机。鉴于书面谈判有其局限性，所以它多适用于双方经常有交易活动的谈判，以及跨地区、跨国界的谈判。

3. 网络谈判

网络谈判是指谈判双方依靠各种网络服务和技术，通过互联网所进行的谈判。如今，互联网彻底改变了人们的生活方式，它对商务谈判的影响也是深远的。虽然面对面的互动仍然是最主要的谈判形式，尤其是高层次的谈判，但是互联网可以提供更多切实可行的谈判方式，并且可以发挥它的优势。例如，当谈判双方因情绪化因素而无法达到预期结果时，或双方进入谈判的某个阶段，需要将注意力集中在合同文本上时，互联网显得更为有效。实践证明，基于互联网的商务谈判大大减少了某些交易的成本和时间，同时，利用互联网及其搜索功能更容易找到交易对象，相应降低了开发成本和机会成本。

上述三种谈判形式各有利弊，谈判者应根据交易的需要和各种谈判形式的特点进行选择，并把它们结合起来，取其所长，避其所短，加以灵活运用。

课堂思考

想一想你生活中遇到过什么谈判？它们分别是哪种形式的谈判？

二、商务谈判的内容

商务谈判的内容是指与商品交易有关的各项交易条件。商务谈判的类型不同，其谈判的内容各有差异。以下仅以商品贸易谈判、技术贸易谈判和劳务合作谈判三种类型为例，分别予以介绍。

1. 商品贸易谈判的内容

商品贸易谈判的内容是以商品为中心，主要包括商品的品质、数量、包装、运输、价格、货款结算支付方式、保险、商品检验及索赔、仲裁和不可抗力等条款。

2. 技术贸易谈判的内容

技术贸易谈判一般包括以下内容:

（1）技术类别、名称和规格。

（2）技术经济要求。

（3）技术的转让期限。

（4）技术商品交换的形式。

（5）技术贸易的计价、支付方式。

（6）双方责任和义务。

3. 劳务合作谈判的内容

劳务合作谈判的内容主要是某一具体劳动力供给方所能提供的劳动者的情况和需求方所能提供给劳动者的有关生产环境条件和报酬、保障等实质性的条款，具体包括劳动力供求层次、数量、素质，职业和工种，劳动地点（国别、地区、场所），劳动时间和劳动条件以及劳动报酬、工资福利和劳动保险等。劳务合作谈判应依据劳动法规制定谈判内容与条件。

第三节　商务谈判的理论

一、需求层次理论

1. 需求层次理论的内容

需求层次理论是研究人的需要结构的一种理论，由美国心理学家马斯洛提出。马斯洛认为动机是由多种不同层次与性质的需求组成的，各种需求间有高低层次与顺序之分，每个层次的需求与满足程度，将决定个体的人格发展境界。需求层次理论将人的需求划分为五个层次，即：生理、安全、社交、尊重和自我实现，如图 1—1 所示。

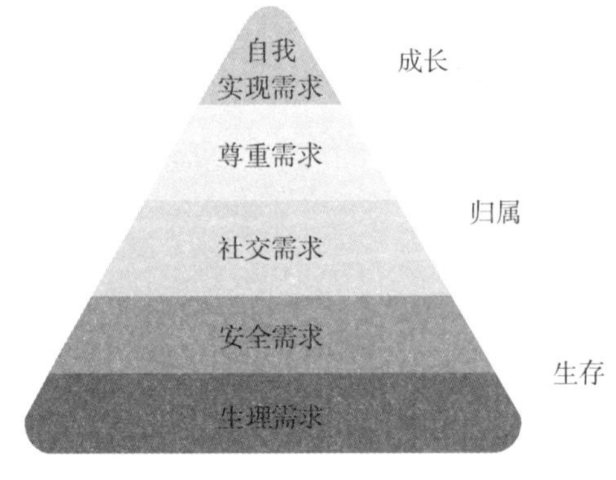

图 1—1　需求层次理论的五个层次

（1）生理需求

生理上的需求是人们最原始、最基本的需求，包括吃、穿、住、行、医疗和繁衍后代等所必需的各种物质上的需求。在这一级需求没有得到满足前，更高级的需求就不会产生。

（2）安全需求

安全需求比生理需求高一级。马斯洛认为，整个有机体是一个追求安全的机制，当生理需求得到满足以后就要产生对人身安全、生活稳定以及免遭痛苦、威胁或疾病等的需求。当然，当这种需求得到满足后，也就不再成为激励因素了。

（3）社交需求

社交需求包括两个方面：一是友爱的需求，即人人都需要伙伴之间、同事之间的关系融洽或保持友谊和忠诚；二是归属的需求，即人人都有一种归属于一个群体的感情，希望成为群体中的一员，并相互关心和照顾。

社交上的需求比生理上的需求更细腻，它与一个人的性格、生活环境、民族、生活习惯、经历、受教育情况、宗教信仰等有关。当生理需求和安全需求得到满足后，社交需求就会凸显出来，进而产生激励作用。

（4）尊重需求

人人都希望自己有稳定的社会地位，要求个人的能力和成就得到社会的承认，这就是尊重需求。尊重需求可分为内部尊重和外部尊重：内部尊重就是人的自尊，是指人希望在各种不同情境中有实力、能胜任、充满信心、能独立自主；外部尊重是指人希望有地位、有威信，受到别人的尊重、信赖和高度评价。

马斯洛认为，尊重需求得到满足，能使人对自己充满信心，体验到自己生存的价值。

（5）自我实现需求

自我实现需求是最高等级的需求，是指实现个人理想、抱负，发挥个人聪明才智的需求。马斯洛认为，在人自我实现的创造过程中，会产生出一种“高峰体验”的情感，这个时候的人处于最完美、最和谐的状态。

课堂思考

以下广告语分别体现以上哪种需求？

1. 对饥饿的人，它能给予的更多——浓缩汤广告

2. 给你一个五星级的家——房地产广告

3. 尊重别人，别人才能更尊重自己——公益广告

4. 超越期望，超越自我——汽车广告

5. 买 ×× 保险，享泰达人生——保险广告

2. 需求层次理论在商务谈判中的应用

（1）发现需求

在商务谈判中，关键是要弄清对方有哪些需求。通常来说，一类是谈判具体需求，这是产生谈判的直接原因和谈判所要达到的第一目的；另一类是谈判者的需求，它并不是谈判的动力和目的，但它却直接影响着谈判的进行和结果。

小贴士

谈判者可通过以下几个环节发现需求：①适当提问；②恰当陈述；③悉心聆听；④注意观察。

在谈判中，发现潜在的需求还要懂得运用以下方法：

第一，在谈判的准备阶段要尽可能多地收集谈判对手的有关资料，如谈判对手的财力状况、性格特点、社会关系、目前状态等；

第二，在谈判过程中要多提一些问题，在对方讲话时要注意分析其中的内在含义，借此了解、发现对方的潜在需求和真正需求；

第三，谈判过程中要善于察言观色，通过对方的形体语言发现其潜在需求；

第四，对于一些在谈判过程中无法了解到但对谈判又非常重要的需求，可以采取私下的形式或其他的渠道获得。

（2）应用需求

较好地掌握和运用需求层次理论，可以为满足谈判者高层次的需求提供条件，也可以通过满足其他层次的需求，来弥补谈判中无法满足的条件。

1）谈判者的生理需求，包括谈判者的吃、穿、用、住，谈判者脑力和体力的补充，谈判者个人物质利益的追求等。

2）谈判者的安全需求，包括人身安全、心理安全等。

3）谈判者的社交需求，包括谈判小组的团结协作、领导的信任和同事之间的友谊、与谈判对手建立良好的合作关系等。

4）谈判者的尊重需求，包括人格上的尊重，身份、地位上的尊重，学识、能力上的尊重等。

5）谈判者的自我实现需求，包括高水平谈判目标的实现、体现自我价值等。

二、博弈理论

1. 博弈理论的概念

博弈理论是指某个个人或组织，面对一定的环境条件，在一定的规则约束下，依靠所掌握的信息，对各自选择的行为或策略加以实施，并各自取得相应结果或收益的过程，是研究具有斗争或竞争性质现象的理论和方法。

2. 博弈理论在商务谈判中的应用

博弈理论的思维方式为解决商务谈判中的问题提供了强有力的分析工具，它使人们更加关注另一方的想法和可能采取的策略，帮助人们思考另一方对己方行动将做何反应，以及己方行动将产生哪些效果等。

博弈理论在具体实施过程中，要注意充分调查谈判对手的各种信息，清晰判断对方的谈判目标，不断关注谈判对手在谈判策略中的决策变化，同时关注双方的长远合作。

在博弈理论基础上，商务谈判过程可以分为合理确定风险值、确定合作剩余、达成分享剩余的协议三个步骤。

（1）合理确定风险值

风险值是指参与谈判的双方对所谈判内容的评估确定。例如，要购买某一商品，谈判者要估计可能的价格是多少、最理想的价格是多少、最后的撤退价格是多少、总共需要多少资金、其他的附带条件是什么等。这其中不仅包括商品价格，还包括一些非价格因素，如产品风险、资金风险、社会风险、舆论风险等。

（2）确定合作剩余

合作剩余即合作比不合作增加的价值。确立合作剩余最根本的问题就是如何分配参加博弈双方的利益。在许多情况下，一方收益的增加必定是另一方收益的减少，这种情况在博弈中被称为“零和博弈”，它的特点是双方的利益是相互对立的。但现代谈判观念认为，谈判不是将一块蛋糕拿来后商量怎么分，而是要想办法把蛋糕做大，让每一方都能多分。

（3）达成分享剩余的协议

达成分享剩余的协议是谈判双方分享合作剩余的保证，也是维系双方合作的纽带。在谈判中，只有双方合作、谈判成功，才会有合作剩余，才能使谈判双方获得由谈判带来的剩余利益。

三、公平理论

1. 公平理论的概念

公平理论又称社会比较理论，该理论是研究人的动机和知觉关系的一种激励理论，其基本要点是：人的工作积极性不仅与个人实际报酬多少有关，而且与人们对报酬的分配是否感到公平更为密切。人们总会自觉或不自觉地将自己付出的劳动代价及其所得到的报酬与他人进行比较，并对公平与否作出判断。公平感直接影响人的工作动机和行为。因此，从某种意义来说，动机的激发过程实际上是人与人进行比较，作出公平与否的判断，并据以指导行为的过程。

2. 公平理论在商务谈判中的应用

公平理论的基本内涵对于人们处理商务谈判活动的各种问题有着重要的指导意义，具体包括：

（1）由于人们看问题的角度与标准不同，人们对于公平的看法及所采取的分配方式会有很大的不同。完全绝对的公平是不存在的，因此，在商务谈判中，必须找到一个双方都能接受的公平的标准。

（2）公平感是支配人们行为的一个重要心理现象。如果人们产生不公平感，会极大地影响人的行动积极性，而且人们会千方百计地去消除不公平感，以求心理平衡。

（3）公平不是绝对的，它很大程度上受人们主观感受的影响，因此，在商务谈判中要善于分析对方的心理状况，以便取得更好的谈判成果。

课堂思考

小刘去年进入一家小有名气的外资企业。这家公司实行工资保密制度，一般情况下，员工之间都不知道彼此的收入。小刘对这份工作很满意，一方面公司人际关系和谐，工作虽累却挺舒心；另一方面薪水也不错，底薪每月 3 000 元，还有不固定的奖金。

小刘一门心思扑到了工作上，经常加班加点，有时还把工作带回家做，而且也确实取得了显著的成绩。年终考核，人力资源主管对小刘的工作予以了高度评价，并告诉小刘公司将给他加薪 15%。听到这个消息，小刘高兴极了。但同年进入公司的小李却开心不起来，因为他去年的业绩并不好。午饭时两人聊了起来，小李唉声叹气地说："你今年可真不错，不像我，薪水都加不了，干来干去还是 3 900 元，什么时候才有希望啊。"

小刘这才意识到，原来小李的底薪比他高 900 元。他对小李并没有意见，可是他想不通，即使不考虑业绩，他们俩同样的职务，为什么小李的工资却比他高这么多呢？小刘感到很不公平，随即向人力资源部走去……

请思考并回答以下问题：

1. 你能预测小刘到人力资源部会说些什么吗？

2. 如果你是人力资源部主管，你会怎样回应小刘？

四、谈判实力理论

1. 谈判实力理论的概念

谈判实力是指谈判者在谈判中相对于谈判对手所拥有的综合性优势，其不仅包括谈判者所拥有的客观实力（如企业经济实力、科技水平、独特性、企业规模等），更包括谈判者与对方相比所拥有的心理优势，而这是实施谈判策略和技巧的源头。甚至可以说，谈判策略、技巧的运用依赖于谈判者所拥有的谈判实力。

2. 谈判实力理论在商务谈判中的应用

谈判者之所以要增强实力，最根本的原因就是它可以给谈判者相对于对方的某种优势，这些优势可以保证谈判结果对持有优势的一方更加有利。谈判中实力的寻求通常包括以下两种情况。

（1）谈判者认为己方实力弱于对方，在这种情况下，谈判者认为对方具有某些可利用的优势，因此会力图增强本方实力形成平衡。

（2）谈判者认为需要较对方更多的实力来增加己方控制谈判进程的可能性，为最终达到己方目的提供可靠保证。

在这两种情况下，谈判者所寻求的实力类型可能是一样的，但其目的或影响却可能相去甚远。在第一种情况下，谈判者寻求的是一种平衡的力量，从而可以增加己方达到目标的可能性；在第二种情况下，谈判者是出于一种进攻或防守的策略动机。

课堂思考

2018 年 7 月 10 日，美国新能源汽车企业特斯拉公司 CEO 马斯克与上海临港管委会、临港集团共同签署了纯电动车投资协议。根据协议，特斯拉公司将会在临港地区独资建立集研发、制造、销售为一体的超级工厂，并计划达到年产 50 万辆汽车的产能规模，这一数字相当于目前特斯拉全球总产能的 5 倍，是上海有史以来最大的外资制造业项目。

消息一出，印度媒体哀声一片："特斯拉为什么不选我们？"原来，特斯拉公司早有意向在亚洲建立第一个国外生产工厂，而印度对此表现出浓厚的兴趣，甚至为其预设了大量的廉价劳动力，并选好了厂区。但最终，特斯拉的选择是中国。

请思考并回答以下问题：

1. 为什么特斯拉公司最终的选择是中国？

2. 在商务谈判中，除了涉及交易的资金和商品外，还有什么是谈判双方需要考虑的因素？

思考与练习

一、简答

1. 商务谈判的基本要素包括哪些？

2. 简述商务谈判的基本原则。

3. 商务谈判的形式有哪些？

4. 商务谈判理论分别是什么？

二、案例分析

刘某要在出国定居前将私房出售，经过几次磋商，他终于同外地到本城经商的张某达成意向：40 万元，一次付清。后来，张某看到了刘某不小心从皮包中掉出来的护照等文件，他突然改变了态度，一会儿说房子的结构不理想，一会儿说他还没有最后确定购买，总之，他不太想买房了，除非刘某愿意在价格上作出让步。刘某不肯，双方相持不下。当时，刘某的行期日益逼近，另寻买主已不大可能，但刘某不动声色。当对方再一次上门试探时，刘某说："我现在没有心思跟你讨价还价，过半年再说吧。如果那时你还想要我的房子，你再来找我。"张某沉不住气了，当场拿出准备好的 40 万元现金。其实，刘某也是最后一搏了，他也做好了以 35 万元成交的准备。

阅读案例，请回答以下问题：

1. 张某突然改变态度是抓住了刘某的什么心理？

2. 刘某取得谈判的胜利是抓住了张某的什么心理？

三、情境模拟

谈判背景：

谈判 A 方：KLL 工厂（卖方）

谈判 B 方：FLP 工厂（买方）

KLL 工厂与 FLP 工厂是两个长期的合作伙伴，KLL 工厂是 FLP 工厂的模具供应商，其模具供给量占 FLP 工厂模具使用量的 80%。但是，KLL 工厂的模具最近多次出现质量问题，给 FLP 工厂造成了大量的额外损失，如产品合格率低、客户投诉量大、销路不好等。当初两厂签订的协议中规定：KLL 工厂提供的模具合格率达到 95% 以上即可，但此协议有歧义，既可以理解为每套模具各个零件的合格率达到 95% 以上，也可以理解为所有模具的总体合格率达到 95% 以上。

前一种理解比较有利于 FLP 工厂，后一种理解比较有利于 KLL 工厂。FLP 工厂知道自己一下子不可能完全抛开 KLL 工厂这个主要供应商，而 KLL 工厂当然也不想失去 FLP 工厂这个大客户。

学生分为两组，分别扮演 KLL 工厂和 FLP 工厂，就上述问题进行模拟谈判，主要关注造成的损失如何补偿等方面问题，可以将本章学过的谈判理论运用到模拟谈判中。

第二章 商务谈判的准备工作

凡事预则立，不预则废。一场商务谈判能否取得成功，不仅取决于谈判桌上的唇枪舌剑、讨价还价，而且有赖于谈判前充分、细致的筹划和准备工作。谈判筹划和准备工作做得充分可靠，谈判者就会充满自信，从容应对谈判过程中的变化，在谈判中处于主动地位，为取得谈判成功奠定基础。

学习目标

1. 了解商务谈判准备的意义和原则及商务谈判计划制订的原则和依据

2. 熟悉信息准备的内容、谈判计划的内容、谈判人员应具备的条件

3. 掌握信息收集整理的方法、谈判人员的组织与管理、谈判场所的选择与布置原则

为提高光冷加工的水平，北京仪表机械厂决定引进德国卢光学机床公司的光学加工设备。为此，北京仪表机械厂对卢光学机床公司的生产技术进行了情报分析。在与卢光学机床公司谈判时，对方提出要对该厂转让24种产品技术，由于该厂先前就对对方的产品技术进行了研究，因此从24种产品技术中挑选出了13种产品技术引进，因为这13种产品技术已经足以构成一条先进完整的生产线。同时，该厂也根据对国际市场情报的掌握提出了合理的价格。这样，该厂既买到了先进的设备，又节约了大量的成本。事后，卢光学机床公司的董事长感叹道："你们这次商务谈判，不仅使你们节省了钱，而且把我们公司的'心脏'都掏了。"

请思考并回答以下问题：

1. 北京仪表机械厂为什么会取得谈判成功？

2. 你从该案例中得到什么启示？

第一节　确定商务谈判目标

一、确定商务谈判主题

商务谈判的主题就是参加商务谈判的目的，对于不同内容和类型的商务谈判，有着不同的主题。

二、收集商务谈判信息

1. 谈判环境信息

商务谈判是在一定的法律制度和特定的政治、经济、文化影响下进行的。社会环境的各种因素都会直接或间接地影响到商务谈判。因此，商务谈判成功与否，很大程度上受不同国家、不同地区的不同社会环境影响，谈判各方的意见分歧也往往产生于这些不同的社会环境中。谈判人员必须对各种环境因素进行全面系统的调查和分析，才能因地制宜地制定出正确的谈判方针和策略。

（1）政治法律信息

政治和经济是紧密相连的，政治对于经济具有很强的制约力。因此，政治因素对商务谈判活动，特别是涉外商务谈判活动有着非常重要的影响。当一个国家的政局稳定，政策符合本国国情，它的经济就会发展，从而吸引众多的外国投资者前往投资。否则，如果政局动荡，市场混乱，就必然产生相反的结果。因此，必须详尽地了解谈判对象的政治环境信息，主要包括政局稳定程度、政府之间的关系、非政府机构对政策的影响程度、对方国家或地区政府与对方组织的关系等。

法律制度和政治制度一样，也对商务谈判有着无形的控制力。只有清楚地了解谈判对象所处的法律制度环境，才能减少商业风险。法律制度信息主要是了解与商务谈判活动有关的法律法规。例如，涉外谈判中要了解对方的法律制度是否限制协议必须受到有关法律约束、对方执行法律裁决有什么制度、法律是否限制对方领导人的权力范围等。

（2）商业习惯

商业习惯是整体文化环境的组成部分。由于区域文化的支配作用，商务谈判在接触级别、语言使用、礼貌和效率及谈判重点等方面都存在较大的差异。因此，必须要清楚了解对方国家和地区经济组织的经营方式、谈判和签约的方式与习惯、商业活动状况等，否则就可能误入陷阱或造成误会。

（3）社会习俗

一个国家或地区有其独特的社会习俗，这些习俗会自然或不自然地影响业务洽谈活动，对此，谈判者必须加以了解和把握。社会习俗包括符合社会规范的称呼方式、衣着款式及其他为社会公众所接受并约定俗成的行为方式。谈判人员必须尊重和适应这些社会习俗，并且善于利用社会习俗为己方服务，确保业务活动的正常开展。

（4）财政金融状况

商务谈判活动尤其是涉外商务谈判活动中，谈判的结果会使得资产形成跨国流动，这种流动与谈判方财政金融状况密切相关。谈判人员应随时掌握各种主要货币的汇率及其变化趋势，了解国家金融政策以及银行对开证、承兑、托收等方面的有关规定等。

（5）其他环境信息

其他环境信息包括一个国家或地区的基础设施、后勤供应、气候等因素，这些因素都会直接或间接地对商务谈判活动产生影响。

2. 市场信息

商务谈判的市场信息是指与谈判有关的市场行情方面的信息，主要内容如下：

（1）市场分布情况

市场分布情况主要包括有关市场的地理分布、运输条件、市场潜力和容量、市场的配套设施和相关的政策法规、与其他市场的经济联系等。

（2）市场供求情况

市场供求情况主要包括产品的生产状况、可供市场销售的产品量、产品的库存情况、运输能力及变化、产品的进出口情况、替代产品的情况等供给信息及产品消费者的数量构成、消费者需求特点、消费者需求波动情况、产品需求趋势、用户要求等需求信息。

（3）市场销售情况

市场销售情况主要包括有关产品的市场销售量、市场份额、销售价格、产品生命周期、经销途径、促销措施与效果等。

（4）市场竞争情况

市场竞争情况主要包括主要竞争者和潜在竞争者的产品、价格、渠道、促销、资信情况等方面的信息。

3. 对方信息

对谈判对手信息的收集和分析研究是信息准备工作中最为关键的一环。谈判对手的信息资料也是谈判信息中最有价值和最难收集的信息。在商务谈判中，如果不设法在最大程度上获取谈判对手的信息，就很难深入地分析了解谈判对手，就会使谈判活动存在较大的风险。谈判对手的信息是复杂多样的，在信息准备过程中，应侧重收集谈判对手的下列信息：

（1）对方的基本情况

应掌握对方企业的性质、注册资金、主营业务范围、控股股东等基本信息，这样可以避免因错误估计对方情况而造成失误。

（2）对方的营运状况

尽可能掌握对方企业的营运状况。生产经营状况不好的公司，往往会负债累累，履约能力较差，存在较大的违约风险。如果对方一旦破产，会给己方的利益造成很大的损失。

（3）对方的信誉

谈判对手信誉主要体现在两个方面：一是对方主体的合法资格，二是对方资本、信用与履约能力。

（4）对方的真正需求

对谈判对手的谈判目标、所追求的核心利益和附属利益等问题应做到心中有数，因为这些信息是己方制定报价目标和讨价还价策略的重要依据。

（5）对方谈判人员的权限

谈判的一个重要法则是不与没有决策权的人谈判。不了解谈判对手的权力范围，将没有足够决策权的人作为谈判对象，不仅在浪费时间，甚至可能会错过更好的交易机会。一般来说，对方参加谈判人员的规格越高或者与企业核心领导人的关系越密切，其权限就越大。如果对方参加谈判的人员规格较低，就应该了解清楚对方参加谈判的人员是否得到授权、在多大程度上能独立作出决定以及是否有决定让步的权力等。如果对方是代理商，则必须了解清楚其代理的权限范围及对方公司的经营范围。

（6）对方谈判的最后期限

任何谈判都有一定的时间限制，谈判时限与谈判目标、谈判策略有着密切联系。谈判者需要在一定的时间内完成特定的谈判任务，可供谈判的时间长短就成了决定谈判者制定谈判策略和谈判目标的重要影响因素。可供谈判的时间较短，用以完成谈判任务的选择机会就少，最后期限的压力常常迫使谈判者不得不采取快速行动，立即作出决定。可供谈判的时间较长，谈判者则拥有较大的主动权和选择权。因此，掌握对方的谈判时限，可以了解对方在谈判中可能会采取的态度和策略，据此可制定相应的谈判策略。

（7）对方谈判人员的情况

对方谈判人员的情况主要包括对方谈判班子的组成，成员各自的身份、地位、年龄、经历、爱好、性格、谈判经验，以及对方谈判首席代表的能力、权限、特长、弱点及对该项谈判所持的态度、倾向性意见等。

4. 己方信息

在谈判前的信息准备工作中，不仅要调查分析谈判对手的情况，还应该正确了解和评估谈判者自身的状况。没有对自身的客观评估，就很难作出正确的决策。自我评估首先要看到自己所具备的实力和优势，同时要客观地分析自己的不足。

（1）了解本组织的情况

谈判者应了解本组织的社会地位、经济实力、人才力量、设备能力、管理水平、劳动效率、产品优缺点等基本情况。通过对这些组织情况的了解和分析，谈判者可以明了与对方相比自己有哪些优势或劣势，从而充分掌握事实证据、辩论要点、合理建议等谈判的论据。明了自己的优势与劣势极为重要，它将决定己方的谈判目标和确定谈判的让步区间。例如，假设对方是己方某项业务的唯一交易伙伴，而且己方产品也缺乏绝对的竞争力，则谈判中对方就处于优势，己方就应在满足对方需求的条件下寻求自己利益的实现，并适当地在价格等方面作出让步。

（2）考察谈判者自身

正确地评价谈判者自身并不是件容易的事，要通过对有关信息的考察才能做好。除谈判者的自我认识、自我评价外，还需要通过组织对谈判者进行客观的认识和评价。通过对谈判者的价值观、人生观、性格特征、情感类型和智力水平、能力水平的详细考察，谈判者可以克服影响谈判能力的弱点，排除使己方陷于被动的假设，树立起取得谈判成功的信念。

课堂思考

根据背景资料中的角色，分两个小组撰写谈判信息调研报告，内容包括谈判环境、谈判对手信息、己方信息、竞争者信息、市场情况等，每组推荐代表发言。

背景资料：

A方：华润怡宝饮料（中国）有限公司。公司隶属华润集团，总部位于深圳市高新技术产业园区，并拥有深圳、马鞍山、广州、成都四个生产基地和若干个加工基地，总投资三亿元。主营“怡宝”牌系列饮料。

B 方：生产 PET 材料的公司。公司希望开拓广州新市场，成为华润怡宝饮料（中国）有限公司的供货商，但公司之前并未与其发生过业务往来。公司生产成本是 12 000 元 / 吨，市场平均价格是 15 000 元 / 吨。

三、制定商务谈判目标

在谈判的主题确定以后，接下来的工作就是这一主题的具体化，即制定出谈判目标。谈判目标正确与否，在很大程度上决定了谈判的得失成败。而制定一个切实可行的谈判目标，很大程度上依赖于充分的信息收集。谁在信息收集阶段拥有信息上的优势，能够了解谈判对手真正的需要，谁就有可能在谈判中占据优势地位。

谈判目标就是对主要谈判内容确定期望水平，是对谈判所要达到结果的设定，一般包括技术要求、考核或验收标准、技术培训要求、价格水平等。谈判的具体目标体现着参加谈判的基本目的，整个谈判活动都必须紧紧围绕这个目标来进行，都要为实现这个目标服务。

谈判目标的实现不仅依靠己方在谈判中所作的努力，也受到谈判对手的制约。而谈判对手的情况则是一个变数，很难由己方来完全控制，因此，谈判目标的确定应该是有弹性的，即争取最优、保证最低，留有适当的回旋余地。

1. 最优期望目标

最优期望目标是指对谈判最为有利的目标，也叫理想目标。它在满足某方实际需求利益之外，还有一个额外的增加值。最优期望目标为谈判指出了一个方向，实际的谈判结果可能距离这个目标会有一定的差距。尽管如此，这个目标仍有确定的必要：第一，鼓舞士气。目标对于人们有激励作用，有了这样一个目标，就为谈判者指明了一个方向，谈判者会朝着这个方向去努力，可能最终的结果并不能完全实现目标，但也会在一个较高的水平上与对方达成协议，为己方争取到较大的利益。第二，抬高谈判起点。最优期望目标是要明确展示给谈判对手的，这实际上也相当于为谈判设置了一个上限，双方的讨价还价只会在这个界限之下，而不会在界限之上。例如，卖方提出商品每件要价 60 元，这样，双方就会在 60 元以下范围进行讨价还价，而绝不可能超过 60 元达成交易。当然，最优期望目标的确定也并非是越高越好，目标如果定得过高，虽然可以为己方争取到较大的回旋余地，但也有可能吓退谈判对手，使谈判落空。

2. 最低限度目标

最低限度目标是谈判者在谈判中所要达到目标的最低限度。对于谈判者来讲，这种目标是最低要求，毫无讨价还价的余地，如果不能实现，宁愿谈判破裂，也不退让。

最低限度目标是企业所能够承受的最大让步。例如，要求成交的价格不能低于成本价格，成交价格如果低于成本价格，企业不仅赚不到钱，相反还要赔钱，这当然是企业所不能接受的。在谈判中，最低限度目标与最优期望目标之间有着必然的联系。谈判开始，双方总是首先提出自己的最高目标，然后在讨价还价中逐步退让，最终在最优期望目标与最低限度目标之间达成协议。最优期望目标实际上起到了保护最低限度目标的作用。在实际谈判中，最优期望目标往往作为开始的要价，要明确展示给对方，而最低限度目标则作为商业机密要进行严格保密。

最低限度目标的确定同样也需要有科学的依据，应以不伤害企业的根本利益为前提，既能保护企业的利益，又能为谈判者提供回旋的余地，为寻求谈判突破和打破僵局提供契机。

3. 可接受目标

可接受目标是介于最优期望目标与最低限度目标之间的一个中间目标。可接受目标不像上述两个目标一样有一个固定的点，它实际上是一个由最优期望目标与最低限度目标所形成的区间或范围。例如，将最优期望目标确定为 60 元，最低限度目标确定为 50 元，则可接受目标就是 50 元到 60 元这样一个范围。

课堂思考

甲、乙双方就某种产品交易价格进行谈判。目前的市场价格为 100 元，甲方在制定谈判价格目标时认为，自己产品的销售价格至少不能低于该市场价格，且凭借品牌优势，可争取加价 10%，应该以 110 元价格成交。

请思考并回答以下问题：

1. 110 元属于哪一种目标价格？

2. 此谈判目标确定后有什么作用？

3. 此谈判目标会带来什么风险？

4. 如何实现这一谈判目标？

四、组建商务谈判团队

商务谈判团队的人员构成应坚持结构原则、需要原则和知识互补、性格协调原则，视谈判项目的难易、大小、重要程度来定，一般为 3~7 人，通常以 5 人左右为宜，具体内容见表 2—1。

表 2—1　　商务谈判团队的人员构成

名称	人员类型	分工内容及作用
首席代表	主谈人	负责组织制定谈判方案，确定商务谈判过程各个阶段的目标和策略，及时传递信息、协调关系、调整方法，了解团队成员的性格特点、思维方式、专业技能等，掌握谈判进程，决定重要事项，在谈判中拥有领导权和决策权
技术人员	辅谈人	负责提供产品性能、技术质量与产品验收的标准、价格等决策依据，提供生产技术、产品标准和科技发展动态等信息
商务人员	辅谈人	负责提供商业贸易、市场行情、价格形势、交易财务评估、交易清算等信息，提供谈判价值、交易合同的参考意见
法律人员	辅谈人	负责拟订合同文本、解释合同条款、斟酌合同内容，负责经济贸易法律条款的解读等
财务人员	辅谈人	负责对价格核算、支付条件、支付方式、结算货币等与财务相关的事项提供意见
翻译人员	工作人员	负责传递语言信息，消除沟通障碍，营造有利于推进谈判的气氛，提供语言支持和文化融合建议
记录人员	工作人员	负责准确、完整、及时地记录谈判内容

组建商务谈判团队，需综合考虑谈判涉及的专业领域、技能需求以及成员的合作意识、忠诚度、默契度等。一般由主谈人阐述立场和观点，其他人处于辅助位置。

课堂思考

请判断下列表述是否正确：

1. 对谈判代表而言，谁获得的信息量大，谁处理信息的手段更科学、更及时，谁就在谈判中处于主动的地位，从而能获得更大的利益。

2. 商务谈判的情况千变万化，在制定谈判方案时，可不列出议程细则，随机应变即可。

3. 商务谈判的核心内容是价格。

4. 只有主谈人才能在谈判桌上发言。

5. 满足部分需求、实现部分经济利益的谈判目标是可接受目标。

第二节　制订商务谈判计划

一、制订商务谈判计划的含义

谈判计划是指针对即将展开的商务谈判，根据客观的可能性，运用科学的方法，从总体上对谈判目标、谈判策略、谈判时间等作出的决定和选择，是企业从全局出发对谈判活动进行的总体谋划和部署。谈判计划的可行、正确与否直接关系到谈判的成败，是谈判前期准备的关键所在。

谈判计划中应包括具体明确的谈判目标，实现谈判目标的策略、方法和措施，谈判时间的选择与控制等一系列内容。在商务谈判中，只有制订出科学、合理的谈判计划，才能有效地控制谈判，使谈判向己方预期的方向发展，实现己方的谈判目标。

二、制订商务谈判计划的原则

1. 科学性原则

科学性原则是谈判计划制订的重要原则，其要求是谈判计划的制订要用科学的谈判理论作指导，用科学的方法进行择优，切忌不切实际的凭空臆造。具体应做到：一是要进行谈判计划的可行性分析，二是要充分考虑影响谈判计划制订的各种因素，三是必须进行谈判计划的反馈工作并及时进行谈判计划的优化调整。

2. 择优原则

择优原则是指谈判者通过优化筛选，从所有的可行性方案中选择最优方案，其要求是在决策过程中，要充分论证所制定谈判目标的合理性，充分探讨谈判策略的可实施性和有效性，从而选择出操作性最强、效率最高的谈判计划。

3. 系统性原则

系统性原则包括合理性、先进性、合法性、有效性等方面。合理性要求谈判计划适应谈判的形势和双方在技术、商业习惯、财务等方面的例行准则；先进性要求谈判目标是需要经过努力才能达到的在现实基础之上的高目标；合法性要求谈判计划必须符合相关的法律规定，不能与谈判当事方所在国家和地区的现行法律法规和国际惯例相抵触。

4. 创新原则

创新原则要求谈判者在制订谈判计划时要有创新、开拓精神，敢于探索新的谈判模式，提出崭新的谈判思路和方法，从而做出高质量的谈判计划。

三、制订商务谈判计划的依据

在制订商务谈判计划时应重点考虑以下几个方面的问题。

1. 谈判双方的经济贸易法规、政策

不同的国家和地区在经济贸易方面往往有着不同的法规、政策，因此，在制订谈判计划时要与其相适应，不能违反这些法规、政策和规定，另外，在国际商务谈判中还必须遵守相关的国际法和国际惯例。

2. 交易的重要性

对于交易额巨大或关系到本企业长远利益的谈判，在谈判目标、谈判策略和谈判措施上都要慎重决策，在战术技巧上要做到稳扎稳打，注意谈判目标和让步策略要具有一定的灵活性。

3. 是否与对方保持长久的贸易往来

如果打算与对方保持长期贸易往来，就必须与对方建立起良好的关系，谈判人员之间也应有密切的私人交往，这样就要求谈判目标不要过分苛刻，要处理好短期利益与长远利益的关系，尽量避免采用对抗性较强的谈判策略。

4. 谈判时间的限制

如果己方无较苛刻的时间限制，则可确定较高的谈判目标和采取较强硬的谈判策略。一般来讲，较长时间的谈判，谈判目标的弹性较大，谈判策略更加灵活；较短时间的谈判，谈判目标的弹性则相对较小。

5. 双方在谈判中的实力和谈判能力

如果己方的实力和谈判能力居于优势地位，则可确定较高的谈判目标并采取较强硬的谈判策略。反之，则要确定弹性较大的谈判目标和灵活多变的策略，以给己方留有回旋余地。

第三节　准备商务谈判物质条件

一、商务谈判场所的选择

一般情况下，谈判场所的选择应注意以下两点：

1. 谈判室应在交通、通信方便，便于有关人员往来及满足双方通信要求的地方。谈判场所应尽量舒适安静，避免外界干扰。

2. 正式的谈判室附近应有休息场所，以便谈判人员在谈判间隙时休息、举行场外会谈或谈判人员协商等。同时，谈判室可配备必要的办公设备，如计算机、复印机、打印机、传真机等，便于双方人员处理文件。

小贴士

谈判的环境影响人的感知和注意力，因此，良好的谈判环境应具备以下基本条件：

◆适宜的灯光、温度、通风、隔音条件。

◆得体的装饰、摆设。

◆保证谈判者的行动安全和交通、通信方便。

◆周围环境肃静、幽雅，使人心情舒畅。

◆准备待客饮料、点心、水果等。

◆配备计算机、摄像设备等。

二、商务谈判场所的布置

较为正规的谈判场所主要有三类：主谈室、密谈室和休息室。

1. **主谈室**

主谈室的布置应当宽敞、整洁、舒适，具有良好的通风及采光条件，使谈判人员能心情愉快、精神饱满地参加谈判。主谈室内一般不宜装设电话，以免干扰谈判的进程，泄露有关机密。除非对方同意，否则不要配有录音、录像设备。实践表明，录音、录像设备有时会对谈判各方起到副作用，使人产生心理压力，难以畅所欲言，影响谈判的正常进行。当然，如果双方协商需要录音、录像，则可配备相应设备。

2. **密谈室**

密谈室的位置最好靠近主谈室，应具有较好的隔音性能，室内配备必要的桌椅等相关物品，窗户上要安装窗帘。密谈室内绝不允许安装微型录音、录像设备，谈判各方在使用密谈室时一定要提高警惕。

3. **休息室**

休息室的布置要轻松、舒适，以便让谈判人员放松紧张的情绪。室内最好放置一些鲜花，准备必要的茶点，适当配置一些娱乐设施，帮助谈判人员调节心情、舒缓气氛。

课堂思考

1958 年，时任德国总理阿登纳访法，与时任法国总统戴高乐举行首次会晤。戴高乐选择在科隆贝他的私人别墅里接待阿登纳。这个别墅的环境十分优美，房屋的布置虽说不上华丽，但能给人舒适的感觉。双方此次会晤在该别墅的书房举行。阿登纳进入书房后，举目四望，周围都是书橱，收藏有各种史学、哲学、法学著作。阿登纳认为“从一个人的书房陈设可以了解主人”，后来他也多次对周围人谈及戴高乐的书房给予他的最初印象。在 1963 年阿登纳下台之前，戴高乐和他共举行过 15 次会谈，前后共达 100 多个小时，双方顺利签订了《法德条约》，这都源于他们的首次会谈给双方留下的良好印象。可见，戴高乐选择在自己别墅的书房里举行会谈，充分发挥了现场环境的影响力，达到了使会晤愉快、顺利进行的目的。

请思考并回答以下问题：

1. 戴高乐与阿登纳的首次会晤为什么会取得成功？

2. 你从该案例中得到什么启示？

三、商务谈判座位的安排

座位的安排是谈判场所布置中一个比较重要的问题，尤其是主谈室，不仅要求座位数量充足，而且要对座位进行适当的排列，便于各方之间及各方内部的信息交流，有助于营造良好的谈判氛围。

1. 常见座位安排法

谈判双方各居谈判桌一方面对面而坐是最常见的座位安排法，其座位安排通常如图 2—1、图 2—2、图 2—3 和图 2—4 所示。

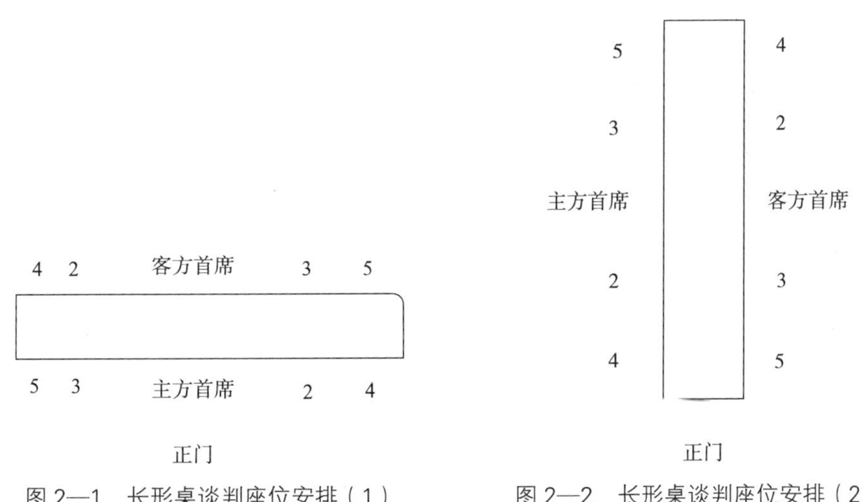

图 2—1　长形桌谈判座位安排（1）

图 2—2　长形桌谈判座位安排（2）

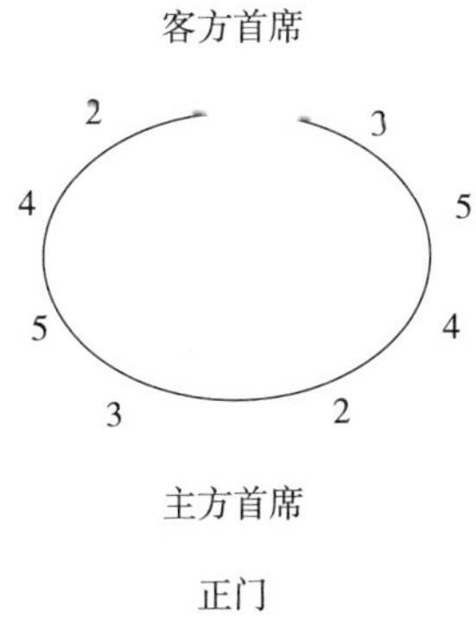

图 2—3　圆形桌谈判座位安排

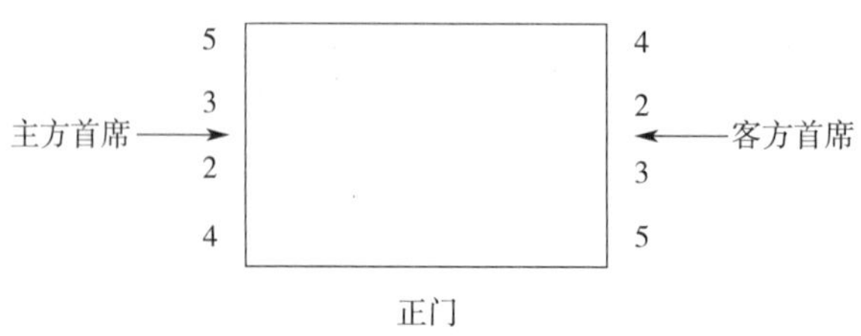

图 2—4　方形桌谈判座位安排

若以正门为准，主方应坐背门一侧，客方则面向正门而坐，其中主谈人或负责人居中。我国及多数国家习惯把译员安排在主谈人的右侧，即第二个席位上。若正门朝向谈判桌一端，则以入门的方向为准，右为客方，左为主方。按国际惯例，座位号的安排也是以主谈者的右侧为偶数席位，左侧为奇数席位。

这种双方面对面而坐的座位安排法，有利之处在于与同伴接近，可以产生心理上的安全感，便于内部人员交流信息，增强凝聚力；不足之处在于人为地营造双方的冲突和对立感，造成谈判气氛紧张。

2. 随意就座法

随意就座法是指双方人员混杂而坐的座位安排法。这种方法一般适合于小规模的、双方都比较熟悉的谈判，但如果己方事先有充分的准备而对方毫无准备，会使对方谈判人员产生被分割、包围和孤立的感觉。并且因为分散而坐，一些信息传递方法无法运用，因而有可能难以有效地控制己方谈判成员。

小贴士

谈判双方的座位安排应充分体现主宾之别。按我国传统文化中以左为尊，坐北朝南为主、坐南朝北为客的习惯，应让客方坐在左侧或南侧，以使对方有被尊重之感。若谈判在异地举行，则应遵从当地风俗和主方安排。

四、谈判人员食宿的安排

食宿条件的好坏会直接影响谈判者的精力、情绪和工作效率。食宿条件欠佳，往往会使对方产生对立情绪。在食宿安排中应充分注意对方谈判人员的文化风俗和特殊习惯，特别是对一些有着特殊禁忌的人员要十分尊重。一般来说，主方对来访人员的食宿安排应周到细致、方便舒适，但不一定要豪华、阔气，按照国内或当地标准条件安排即可。在某种程度上，食宿常常是正式谈判暂停后的缓冲和过渡阶段，它不仅是增进双方私下接触、融洽双方关系的重要场合，甚至是解决谈判难题的关键场地。

课堂思考

20 世纪 70 年代，时任日本首相的田中角荣为恢复中日邦交正常化而到访北京。他怀着等待中日间最高首脑会谈的紧张心情，在迎宾馆休息。迎宾馆内温度舒适，田中角荣的心情也逐渐舒畅，开始与陪同人员谈笑风生。他的秘书仔细看了一下房间的温度计，是 17.8℃，这一田中角荣在生活中感觉最舒适的温度使得他心情舒畅，也为会谈的顺利进行创造了条件。

请思考并回答以下问题：

1. 上述案例中会谈成功的因素有哪些？

2. 你从该案例中得到什么启示？

第四节 选择商务谈判方式

谈判方式是指参加谈判的双方针对某一商务活动进行磋商时相互采取的交往方法和形式。谈判的方式多种多样，根据不同的方式对其进行归纳分类如下。

一、直接谈判和间接谈判

按照双方的接触形式，商务谈判可分为直接谈判和间接谈判。

1. 直接谈判

直接谈判是指在商务谈判活动中，参加谈判的双方当事人之间无须任何中介组织或中介人而直接进行谈判的形式。直接谈判在商务活动中应用非常广泛，包括面对面的口头谈判和利用信函、电话、网络等通信工具进行的书面谈判。

直接谈判有其突出的优点：第一，无须中间人介入，免去了很多中间手续，使谈判及时、快速；第二，各方当事人直接参加谈判，易于保守商业秘密；第三，节约谈判费用，无须支付中介费用。

直接谈判多适用于以下情况：

（1）参加谈判的双方或一方重礼节，以直接谈判形式表示对对方的尊重。

（2）对一方或双方有重大影响的谈判。

（3）谈判涉及一些长期悬而未决的问题，采用其他方式无法解决。

（4）其他各种需要双方直接进行交往的情况。

2. 间接谈判

间接谈判是对于直接谈判而言的，是谈判双方或一方当事人不直接出面参与商务谈判活动，而是通过中介人进行的谈判，这种形式在谈判活动中应用较为广泛。

间接谈判也有其优点：第一，中介人一般较熟悉当地环境，熟练掌握谈判技巧，便于找到合理解决问题的办法；第二，代理人身处代理的位置，利益冲突不直接，不易陷入谈判僵局；第三，代理人在其授权范围内进行谈判，不易损害被代理人的利益。

间接谈判多适用于以下情况：

（1）谈判一方或双方对对手的情况不了解。

（2）冲突较大的谈判。

（3）谈判出现僵局，双方又无力解决时。

二、横向谈判和纵向谈判

按照议题的商谈顺序，商务谈判可分为横向谈判和纵向谈判。

1. 横向谈判

横向谈判是指在确定谈判所涉及的所有议题后，开始逐个讨论预先确定的议题，在某一议题上出现矛盾或分歧时，就把这一问题暂时搁置，接着讨论其他问题，直到所有内容都谈妥为止。

横向谈判的优点在于：

（1）议程灵活，方法多样，多个问题同时讨论，有利于寻找解决问题的变通办法。

（2）有利于谈判人员创造力和想象力的发挥，有利于谈判策略和技巧的使用。

（3）不容易形成谈判僵局。

2. 纵向谈判

纵向谈判是指在确定谈判的主要议题后，逐一讨论每一问题和条款，讨论一个问题，解决一个问题，直至所有问题得到解决再讨论下一议题的谈判方式。其特点在于集中解决一个议题，即只有在第一个议题解决后，才开始全面讨论第二个议题。

纵向谈判的优点在于：

（1）程序明确，复杂问题简单化。

（2）每次只讨论一个问题，讨论详尽，解决彻底。

（3）避免多头牵制、议而不决的弊病。

纵向谈判方式也有一定缺点：第一，议程过于死板，不利于双方沟通交流；

第二，问题之间不能相互通融，当某一问题陷入僵局时，不利于其他问题的解决；第三，不利于谈判人员想象力、创造力的发挥，不能灵活变通地解决谈判中的问题。

思考与练习

一、简答

1. 收集商务谈判信息具体包括哪些内容？

2. 简述制订商务谈判计划的原则和依据。

3. 商务谈判的方式包括哪些？

二、案例分析

1972年2月，时任美国总统尼克松访华，中美双方将要展开一场具有重大历史意义的国际谈判。为了营造一个融洽和谐的谈判环境和气氛，中方在周恩来总理的亲自领导下，对谈判过程中的各种环境都做了精心而又周密的准备和安排，甚至对宴会上要演奏的中美两国民间乐曲都进行了精心的挑选。在欢迎尼克松一行的国宴上，当军乐队熟练地演奏起由周总理亲自选定的《美丽的亚美利加》歌曲时，尼克松总统十分惊喜。他没有想到能在中国听到自己如此熟悉而且最喜爱的乐曲。敬酒时，他特地到乐队前表示感谢。此时，国宴达到了高潮，这种融洽而热烈的气氛感染了美国客人，促使之后的谈判都在和谐融洽的气氛下进行。

请思考并回答以下问题：

1. 上面案例中谈判成功的因素有哪些？

2. 你从该案例中得到什么启示？

三、情境模拟

以4～5人分为一个小组，由教师给出具体实例，每组根据实例中的角色（卖方或买方）收集谈判信息。具体内容包括：

1. 谈判的环境背景（根据实际情况有选择地进行调研）。

2. 谈判对手及产品（或项目）的相关资料。

3. 己方的相关资料。

4. 竞争对手的情况。

信息收集完毕，每组指定一名代表交流发言，教师总结。

第三章 商务谈判的实施过程

在完成商务谈判的准备工作后，就进入了商务谈判的实施过程。商务谈判的实施过程主要包括开局阶段、交锋阶段、引导与让步阶段和结束阶段。

学习目标

1. 了解商务谈判实施过程各个阶段的特征和主要任务
2. 掌握报价的方式
3. 掌握让步的原则、步骤及方式
4. 掌握打破谈判僵局的方法
5. 掌握结束谈判的方式及签订合同的步骤

李某拥有自创服装品牌“Sunshine”，因另有工作安排，他想将经营了4年的店铺“Sunshine”转租。店铺离到期日还有3个月，根据李某与房东的约定，如店铺到期前，李某能找到新店主租用，他可收取盘店费，房东收取租金；如到期无人续租，房东将自行出租店铺。

黄某计划开一家外贸店，由于手头资金有限且第一次创业，他希望盘下已有基础装修的店铺。经过多方比较，他看中了“Sunshine”的地理位置、基础装修和积累的客户群，希望以2万元的低价盘下店铺。

一场谈判在李某与黄某之间展开。

李某向黄某介绍了店铺的基本状况、装修风格和相关设备，认为黄某若盘下店铺可节省不少支出，开出盘店费5万元的价格。黄某虽然内心认同装修风格，但认为价格太高，指出店铺装修虽有特色，但自己将考虑重新装修，开出1.5万元的价格。

李某询问黄某开店后的经营产品类型，黄某告知李某计划经营体育用品，李某对这一关键信息及时做出了回应，建议黄某将店内现有的休闲服装直接拿去卖，且告知黄某自己在广东、福建、成都等地都有货源，能帮助其拿到最低进货价。黄某十分需要这些资源，但他仍对店铺的客流量提出了质疑，认为“Sunshine”处于整条街的尾部，且是拐角位置，地理位置不是很理想。李某回应，经过4年的积累，“Sunshine”已有比较稳固的客户群，可以通过延续会员保留客源，且明年店铺附近会有影院、快餐店等进驻，不会出现客流量少的现象。李某考虑黄某第一次创业，愿意在盘店费上让利1万元，开出4万元的价格。黄某告知李某自己最多能给2万元。

李某认为黄某的出价太低，提出三条建议：一是如仅需要空铺，则盘店费为3万元；二是如需要供货渠道，则增加0.5万元；三是如需要现有设备及货物，则增加0.5万元。黄某提出去看看其他店铺后再综合考虑。李某自知店铺仅有3个月就将到期，提出了盘店费2.5万元，但只能是空铺的建议。黄某看出李某很想做成这笔交易，提出2.5万元盘店费并留下设备和货物，且最好能提供供货渠道。李某坚持若需要货物和供货渠道，盘店费最少3.5万元。黄某很为难，提出当场仅能支付2万元，剩下的1.5

万元需 1 个月后支付，李某同意。最终，双方签订协议。

请思考并回答以下问题：

1. 案例中的商务谈判过程出现了哪些阶段？

2. 用一句话概括你从案例中得到的启示。

第一节　开局阶段

良好的开局是谈判成功的前提条件，它决定着谈判质量的高低以及谈判双方的合作程度。开局阶段所用时间的长短根据谈判性质和谈判期限决定，一般应控制在总谈判时间的 5% 之内。开局阶段的主要目标是思想协调，即积极了解谈判对手的特点、意图和态度，通过分析对方的信息来修正自身的谈判方案。开局阶段的主要任务是营造良好谈判气氛、确定谈判中的角色定位、开好预备会议和做好开场陈述等。

一、营造良好谈判气氛

1. 谈判气氛的分类

谈判气氛是指谈判双方通过各自所表现的态度、作风而建立起来的谈判环境。谈判气氛直接作用于谈判的进程和结果，不同的谈判气氛可能会导致不同的谈判结果。

谈判气氛通常分为三种：一是低调谈判气氛，分为冷淡、对立、紧张的谈判气氛和松弛、缓慢、旷日持久的谈判气氛两种情况。在冷淡、对立、紧张的谈判气氛下，双方见面不关心、不热情，交谈时甚至带讥讽口吻等，通常在双方利益对立情况下发生。在松弛、缓慢、旷日持久的谈判气氛下，谈判人员进入会场时精神不振，入座后左顾右盼，显示出无所谓的态度。二是自然谈判气氛，即平静、严肃、严谨的谈判气氛。在这种气氛下，谈判人员进入谈判场所速度适中，处于互相提防、自信平静的状态。三是高调谈判气氛，即热烈、积极、友好的谈判气氛。在这种气氛下，谈判双方态度诚恳、话题活跃、情感愉快，把谈判成功看成友谊的象征。

课堂思考

根据背景资料，确定开局阶段的谈判气氛类型，并说说你的理由。

1. A公司与B公司有长期友好的业务合作关系，双方实力旗鼓相当。

2. A公司与B公司曾有过业务往来，但关系一般。

3. A公司与B公司在合作中出现问题，双方就责任归属及赔偿进行谈判，A公司有讨价还价的砝码，但不占绝对优势。

2. 谈判气氛的作用

良好的谈判气氛会向对方传达友好合作的信息，减少对方的防范心理，有利于协调双方的思想和行动，显示谈判代表的文化修养和谈判诚意，为谈判奠定相互尊重、彼此信任的基础。一般而言，在谈判开始时应营造良好的合作气氛，做到亲切待人、开诚布公、行动轻松、谈吐自如、仪表端庄、服饰大方、体态自然、站立交谈。当然，谈判气氛可以根据谈判各个阶段的需要进行转变，可以通过企业之间的关系、双方谈判人员个人之间的关系以及双方的谈判实力等方面进行综合考量。

3. 营造良好谈判气氛的方法

（1）把握气氛形成的关键时机

形成良好谈判气氛的时机通常在谈判的开始阶段，以双方见面的最初几分钟最为关键。第一印象将在很大程度上决定谈判者在整个谈判过程中对对方的评价，而谈判各方对对方的评价将在很大程度上决定谈判气氛。

（2）把握加强沟通的话题运用

开局初期常被称为“破冰”期。谈判代表在进入谈判正题前，可留出一定的时间，就各自的旅途经历或者对方感兴趣的非业务性话题，如气候、体育、艺术、新闻等进行交流，创造和谐融洽的开场。

（3）树立真诚合作的谈判形象

谈判人员应注重自身的服装、仪表、语言、行为等，营造自信专业、坦诚可信的形象。同时，分析对方言行，正确把握对方的性格特点及谈判作风等，将平等互利、真诚合作的思想贯穿谈判的全过程。

（4）把握场外非正式的巧妙接触

在正式谈判前，双方可以通过非正式会谈建立良好的谈判气氛，如欢迎宴会、礼节性拜访等。

课堂思考

约翰逊是美国《黑檀》月刊的主编，他一直希望在杂志上刊登森尼斯公司的广告，但他与该公司老板麦唐纳先生约了几次都遭到了拒绝。有一次，约翰逊又致信麦唐纳先生，询问："我可不可以拜访你，谈谈关于黑人社会进行广告宣传的政策？"麦唐纳先生回信说："我决定见你，但如果你想谈在你的刊物上登广告的事，我将立即结束会见。"

在见面之前，约翰逊翻阅了大量资料，发现麦唐纳先生是一个探险家，曾到过北极，时间是在汉森（世界上第一个到达北极的人之一）1909年到达北极后的几年间。汉森是黑人，他曾就自身的经历写过一本书。于是，约翰逊找到汉森，请他在书上签名，以便送给麦唐纳先生。此外，他在即将出版的杂志中增加了介绍汉森的文章。

约翰逊走进麦唐纳先生办公室后，先不着急谈正事，而是指着地上一双雪橇鞋连连赞叹。麦唐纳先生回应道："这双雪橇鞋是汉森送给我的，我把他当朋友，你看过他写的书吗？""看过。"约翰逊说："凑巧我这里有一本，他还特地在这本书上签了名。"麦唐纳翻着那本书，显然感到很高兴。他接着说："在我看来，你出版的黑人杂志上有一篇介绍像汉森这样人物的文章才好。"

约翰逊对他的意见表示认同，并将一份刚出版的杂志递给他，并告知对方自己创办杂志的目的就是为宣传像汉森这样克服一切障碍实现最高理想的人。麦唐纳先生合上杂志说："我看不出我们有什么理由不在你的杂志上登广告。"

请思考并回答以下问题：

1. 约翰逊在会面前做了哪些准备，有何作用？

2. 约翰逊营造了怎样的开局气氛？

二、确定谈判中的角色定位

1. 形成自身角色定位

谈判团队的成员往往需要扮演一些典型的角色。一是"领队"角色，通常由最有经验的人担任。二是"红脸"角色，通常对对方观点表示理解，起润滑剂的作用。三是"白脸"角色，通常反驳对方的观点，揭露对方的弱点。四是"强硬派"角色，通常反对妥协，帮助团队不偏离谈判目标。五是"总结者"角色，通常指出对方前后矛盾的地方，提议突破谈判困境的方法。

2. 找准对方角色定位

谈判初期，找准对方角色定位非常重要，现实中，谈判者通常是通过直接和间接的问话收集信息，通过无声信息的传递和有声信息的沟通，将谈判对象进行定位，即通过对方的表象认识、言谈举止、着装打扮、习惯等进行角色推断。

三、开好预备会议

预备会议一般就谈判目标、谈判计划、谈判进度和谈判人员等内容进行洽商，交换双方意见，旨在使双方明确本次谈判的目标以及为此目标共同努力的途径和方法。

开好预备会议要做到：第一，双方采取措施让会议有一个氛围轻松的开端。第二，双方享受均等的发言机会，提问和陈述应简练明确。第三，双方乐于接受对方建议，富有合作精神，给对方足够的机会发表不同意见、提出不同设想，多提使双方意见趋向一致的问题。

四、做好开场陈述

1. 陈述的内容

开场陈述就是要把己方的观点、立场、表达方式、陈述内容向对方说清楚，并表达对对方建议的反应。开场陈述的内容一般包括：我方对问题的理解、我方的首要利益、我方商谈事项及为双方共同利益可采取的措施、以前合作的成果及享有的信誉、双方合作中可能出现的机会或障碍等。在陈述观点时，注意要“横向铺开”，而不是深挖某一个问题。

2. 陈述的方式

开场陈述的方式一般有两种：一是提出书面方案发表意见，二是口头陈述。开场陈述很正式，应注意语言简洁，并以诚挚和轻松的方式表达出来，让对方明白己方的意图，既不是向对方提出挑战，也不是将己方的观点强加给对方。

3. 陈述的方法

陈述过程可适当采用以下方法：一是实物法，即谈判者在陈述过程中辅以实物（包括图表、模型等），增加直观效果，增强真实感和说服力。二是对比法，是指把两种互相对立的事物放在一起，使二者相映相衬，使己方的观点更鲜明、突出，从而引起对方的注意。三是提炼法，是指把陈述内容进行加工提炼后，总结成言简意赅的字句，强化听者的记忆。四是递进法，是指先提出问题，然后逐层分析问题，最后得出结论的陈述方法，该方法具有脉络层次清晰、逻辑严密、说服力强的优点。五是情理法，这是一种有情有理、情理融合的陈述方法，能够使听者深受感染，产生共鸣。

4. 对对方陈述的反应

在对方进行开场陈述的过程中，己方应认真倾听，充分理解对方陈述的内容，尊重对方的合理需求，避免正面冲突，并积极思考与归纳对方陈述中的关键问题，以便在谈判双方分别陈述之后引导并寻求双方共同利益。此外，在未详细考虑后果之前，不要轻易接受对方所提出的额外问题。

课堂思考

背景资料：A公司是一家实力雄厚的房地产开发公司，看中了B公司拥有的一块极具升值潜力的地皮，而B公司正想通过出卖这块地皮获得资金，以将其经营范围扩展到国外。于是双方对土地转让问题展开谈判。

在开局阶段，A公司代表进行陈述：“我们公司由几家世界500强企业合资创办，经济实力雄厚，在房地产开发领域业绩显著。去年在贵市开发的新鸿花园反响不俗，几家公司正在谋求与我们合作，想把他们手里的地皮转让给我们，但我们没有轻易表态。你们这块地皮对我们很有吸引力，我们准备把原有的住户拆迁，开发为居民小区。前几天，我们公司的业务人员对该地区的住户、企业进行了广泛调查，确定拆迁问题基本上没有什么阻力。现在关键的问题是时间，我们希望以最快的速度达成协议，为此，我们准备简化正常的法律和调查程序。以前咱们从未打过交道，不过据朋友讲，你们一向是很具合作精神的。不知你们的想法如何？”

请思考并回答以下问题：

1. 假如你是 B 公司谈判代表，你将如何进行开场陈述？

2. 说说你从案例中得到的启示。

第二节　交锋阶段

交锋即磋商，是指谈判双方在现有利益的基础上进行讨价还价的行为过程。交锋阶段是商务谈判的核心环节，其过程及结果将直接关系到谈判双方所获利益的大小，决定着双方各自需要的满足程度。一般来说，交锋阶段包括摸底、报价与议价等具体步骤。

一、摸底

1. 谈判摸底的任务

谈判摸底是指谈判开局结束以后至报价之前的时间段。通常在谈判开局以后，双方随即进入相互了解和接触摸底阶段。商务谈判摸底阶段的主要任务是摸清对方的真实意图和心理期望，并进行必要的审查，评估报价的形势和成交的大致范围，为报价实施与调整谈判策略奠定可靠的基础。

2. 谈判摸底的方法

谈判摸底是一个通过与谈判对手直接接触而获取谈判信息的复杂动态过程。谈判者要善于听话听音、察言观色，从多个角度、多个方面判断对方的真实意图。谈判摸底的具体方法如下。

（1）提问法

通过提出特定问题，探知对方信息，把握对方意图。在摸底阶段，一般不涉及具体的细节问题，所提问题应是对方乐于接受的，否则就是不恰当的。一般可采用假设提问法来了解对方需求。例如，“假如我们要好几种产品，不只购买一种呢”“假如我们自己供给材料呢”等。也可以采用迂回询问法，在主场谈判中，往往利用主场优势实施这种技巧。例如，通过帮助对方订购返程机票或车船票，掌握对方的返程日期等信息。

（2）观察法

通过观察和认知对方的行为语言来把握对方的真实意图，如对方的表情、动作、姿态、眼神等。谈判者既要结合对方的语言环境、社会关系等因素理解行为语言，也要学习各种行为语言所蕴藏的特定含义。

（3）犯错法

谈判者有意通过犯错误，如念错字、用错词语、报错价格等，来诱导对方表态，最终达到探知对方真实意图的目的。

3. 谈判摸底的审查

经过前期的互相摸底后，谈判双方往往需要对获得的信息、双方的分歧与差异等作分析、总结和审核，以为后续的谈判做好准备。审查是一个连续的过程，是就对方的谈判诚意、谈判意图、谈判方式、双方差距等进行真实性、可靠性审核与查验的过程。

审查的结果有 3 种可能情况：一是双方认为有进一步谈判的必要，此种情况则继续谈判；二是双方认为分歧较大，需要暂时中断谈判调整谈判思路与方案，此种情况则中断谈判；三是双方认为分歧太大、无法调和，或一方缺乏谈判的诚意，另一方认为没有必要谈判，此种情况则终止谈判。

4. 谈判摸底的禁忌

（1）忌轻信谈判者

不可不信也不可全信对方的言论，要多存疑问，独立辩证地看问题，严谨细致地论证。

（2）忌过早锁定对方的意图

谈判者谈判意图的形成通常是一个从无到有、从少到多、从虚到实的过程，因此，即使对对方的谈判意图有了一定的了解，也不可将其固化，应以灵活开放的心态对待。

（3）忌不关注对方

谈判者须关心对方的问题和利益，仔细倾听对方谈话，主动询问和探寻对方的需求。

（4）忌“一路到底”

谈判者忌过于固执己见，应及时捕捉、分析不断变化的谈判信息，接受多种声音，对比多种方案，根据实际情况调整谈判目标和谈判策略，以便作出正确的判断。

5. 谈判摸底的注意事项

谈判者在探测、收集对方谈判信息时，对方往往也在想方设法地搜寻己方信息。要想有效防范对方的窥测，需要注意以下事项：

（1）做好自我保密

除因谈判需要必须向对方传递的信息外，其他涉及己方的重要信息，须严格保密，不可和盘托出，如己方的最后期限、所面临的困境、最低价格等。在谈判前，谈判团队要正确估计对方对己方谈判信息的掌握情况，向全体成员明确保密信息的范围、等级及环节。

（2）巧对对方探问

在谈判中，谈判者会遇到对方直接提出自己不愿意回答或涉及己方谈判机密的问题，要学会巧妙应对。

（3）防止场外陷阱

在客场谈判及参加场外活动时，谈判者须随时保持高度的警惕性，不谈论与谈判相关的话题，不涉及与己方相关的信息，避免陷入对方的场外陷阱。

课堂思考

背景资料：中国A公司向韩国B公司出口丁苯橡胶一年。第二年，中国A公司根据国际市场行情将价格从前一年的成交价每吨下调了120美元（前一年为1 200美元/吨），韩方认为可以接受，建议中方到韩国签约。但中方谈判人员到韩国公司总部谈了不到20分钟后，韩方说："贵方价格仍太高，请贵方看看韩国市场的价格，两天以后再谈。"

中方谈判人员认为，既然人已来到韩国，谈判必须进行，便开展了一系列工作。一是通过有关协会收集了韩国海关关于丁苯橡胶的进口统计情况，发现韩方从哥伦比亚、比利时、南非等国的丁苯橡胶进口量较大，而中方公司也是占份额较大的一家。从价格上看，南非的进口价格最低，但仍高于中国的产品价。二是通过调查韩国市场，发现其批发价和零售价均高出中方公司现报价的30%～40%，中国的市场价虽呈上升趋势，但中方公司的报价仍然是目前世界市场中最低的。三是分析韩方谈判人员中断谈判的原因，认为其主要是为了压低价格。基于此，中方谈判人员决定在价格条件上做文章，把价格涨回市场水平（即1 200美元/吨），在1天内通知对方，并坚持强硬的态度，不怕空手而归。中方谈判人员打电话告诉韩方谈判人员："调查已结束，得到的结论是：我方之前的报价低了，应涨回去年的成交价格1 200美元/吨，但基于老朋友的交情，我们可以下调20美元，而不再是下调120美元。请贵方研究，有结果请通知我们，若我们不在饭店，则请留言。"

韩方谈判人员接到电话一个小时后，约中方谈判人员会谈。韩方谈判人员认为，中方不应把过去的价格再往上调。中方谈判人员则认为，按韩方要求进行市场调查的结果就是应涨价。经过几个回合的讨论，双方同意按中方谈判人员来韩国前的报价成交。

请思考并回答以下问题：

1. 案例中，谈判双方是如何开展谈判摸底的？

2. 中国A公司的谈判人员有哪些地方做得好，哪些地方做得不足？

二、报价

报价也称"发盘"，即谈判双方各自提出以价格为核心的所有交易条件和要求，包括商品的数量、质量、包装、价格、运输、保险、支付方式和手段、交货地点、技术支持与服务、交货期限、付款期限、索赔方式、仲裁方式等。

当卖方底价少于买方底价时，为"可能成交报价"；当卖方底价等于买方底价时，为"成交困难报价"；当卖方底价多于买方底价时，为"不可能成交报价"。

1. 确定开盘价

谈判过程中的最初报价称为开盘价，应根据市场价格、市场需求、购销意图与报价策略等来确定符合情理的开盘价。一般而言，对卖方来说，开盘价代表卖方的最大期望售价，对买方而言，开盘价代表买方愿意支付的最小期望售价。

谈判者须通过反复比较和权衡，设法找出报价者所得利益与该报价被接受的成功率之间的最佳结合点。报价要充分考虑成本、需求、竞争、产品、环境等影响因素。

在底价基础上，可确定一个较高的目标，但不能置对方利益于不顾。一般可设置最高可行价格和最优惠价格，前者既为自己设定上限，也间接影响对方对己方潜力的评估。后者则没有还价的余地，无法为买方提供其他交易优惠。

2. 确定报价次序

在商务谈判中，当己方的谈判实力强于对方、己方在谈判中相对处于有利地位或双方谈判实力相当时，应争取先报价。当己方的谈判实力明显弱于对方或己方缺乏谈判经验的情况下，应让对方先报价。如果是长期业务往来的老客户，则谁先报价均可。虽然在商务谈判中，哪一方先报价并不是固定的，但商务谈判的惯例是：发起谈判者与应邀者之间，一般应由发起者先报价；投标者与招标者之间，一般应由投标者先报价；卖方与买方之间，一般应由卖方先报价。

先报价者通常拥有主动权，将为谈判树立框架，对谈判全过程的磋商行为持续发挥作用，但当己方未准确把握市场行情及对手意图时，先报价容易被对手集中力量进行杀价，导致利益损失。

3. 明确报价方式

报价要明确、清晰、完整，报价时要坚定、果断、严肃，以避免产生误解。常见的报价方式有以下几种。

（1）低价报价方式

低价报价方式属于日本式报价战术，一般的做法是将最低价格列出，排斥竞争对手，引起对方的兴趣。但在这种低价格交易条件下，很难全部满足买方的需求，如果买方要求改变有关条件，卖方就会相应提高价格。因此，双方最后成交的价格，往往高于最初的报价。

（2）高价报价方式

高价报价方式属于欧洲式报价战术，一般的做法是首先提出留有较大余地的价格，根据买卖双方的实力对比、外部竞争状况，通过给予各种优惠（如数量折扣、价格折扣、佣金和支付条件上的优惠等）接近买方的心理价位，最终达成交易。

（3）三明治报价方式

三明治报价方式具体包括 3 部分内容：第一部分是描述产品给客户带来的价值，第二部分是明确地报出产品价格，第三部分是强调产品的后续价值。

（4）拆分报价方式

对于金额数目较大的项目，可以通过拆分计量单位的方式进行报价。例如，某产品 7 万元 / 吨，可报价为 70 元 / 千克。

（5）加法报价方式

加法报价方式是指把价格分解成若干次渐进提出，使若干次的报价最后加起来仍等于当初想一次性报出的价格。例如，打印机、墨盒、打印纸的组合价为 5 000 元，报价时打印机及打印纸报出低价，等打印机和打印纸价格确定后，再谈墨盒的价格，此时可抬高墨盒价格，使三样物品的总价格仍为 5 000 元。

课堂思考

一对夫妻在浏览杂志时看到一款老式座钟的图片，他们非常喜欢，想购买一个 500 元以内的座钟放在家里。经过三个月的搜寻，他们终于在一家古董店找到心仪的一款。但这款座钟的标价是 750 元，经过商量，夫妻俩决定由丈夫去谈价，争取用 500 元买下这款座钟。

丈夫鼓起勇气，对售货员说："我看到你们有个座钟要卖，上面已经蒙了不少灰尘，肯定没什么人对它有兴趣，卖多少钱啊？"售货员说："价格贴在座钟上，您没看到吗？"丈夫说："我跟你说我打算出多少钱买吧，一口价，不然就不买了。我出 250 元。"售货员连眼也没眨一下，说道："成交。"

那个丈夫的第一个反应是：我该出价 150 元的！第二个反应是：这钟这么便宜，不会有什么问题吧？但他还是买下了座钟并把它放在客厅。座钟看起来非常美丽，使用也没什么问题，但夫妻俩却因价格问题始终感到不安。

阅读案例，思考以下问题：

上述案例中，这对夫妻的心理价位是多少？为何他们以 250 元的低价买到了原本很喜欢的座钟，反而不高兴？

三、议价

议价即讨价还价，是在双方报价评估后因差距较大而重新协商、议定价格的过程。议价具有双重目的：一是迫使对方降低报价，二是改变对方的期望值。

1. 议价的要点

（1）捕捉信息，了解分歧

在还价前，谈判者要准确地弄清对方的报价内容，在符合情理的范围内确定可行价，通过提问了解对方报价的依据。若出现双方利益或意图不一致的情况，应分析原因，确定哪些是想象的分歧，哪些是人为的分歧，哪些是真正的分歧。

（2）掌握意图，对症下药

谈判者须明确以下几个问题：一是对方讨价还价的实力如何，二是从对方评价和言行流露的迹象推断对方反对的事项及坚定程度，三是确定可能成交的范围、双方均能接受的最佳交易条件。

（3）选择方案，控制方向

通过分析双方分歧，判断彼此的真正意图后，如果双方之间存在着很大的分歧，摆在谈判者面前的有三种选择：一是终止谈判；二是全盘让步，接受对方的条件；三是继续进行磋商，在互相让步的基础上达成一致意见。有经验的谈判者善于归纳总结，引导双方准确判断形势，有序控制谈判进展，争取双方利益的一致性。

2. 议价的原则

议价一般遵循“事不过三”原则：一是全面议价，二是针对性议价，三是再次全面议价至成交价格。全面议价常用于较为复杂的交易中的第一次议价环节，即对总体价格和交易条件的各个方面要求对方重新报价。针对性议价常用于第一次改善报价之后，就各分项的价格和具体的报价内容要求对方重新报价。

3. 议价的方式

议价可采用按可比价还价、按成本还价等方式。按可比价还价是指根据竞争者的价格来进行还价的议价方式。按成本还价是指根据成本价格进行还价的议价方式。

课堂思考

说说下面案例中的议价方式以及给你带来的启示。

两个人在街头买画。第一个人问：“这幅画多少钱？”画家说：“15 元。”说完后，他发现这个人没什么反应，心想：这个价格他能接受。于是接着说："15元是黑白的，如果您要彩色的是20元。"这个人还是没有什么反应，他又说："如果您连框都买的话是30元。"结果，第一个人用30元买了彩色画和相框。

第二个人问价时，画家也说15元。这个人立刻大声喊道："隔壁才卖12元，你怎么卖15元？画得又不比人家好！"画家一听，立刻改口说："15元本来是黑白的，您这样说，15元卖给您彩色的。"这个人继续说："我刚刚问的就是彩色的。"结果第二个人用15元买了彩色画和相框。

第三节　引导与让步阶段

引导与让步阶段在商务谈判中十分重要，它重点解决双方商讨让步的领域、让步的策略、让步的条件及尺度等问题。

一、适度引导

引导，就是通过影响谈判人员印象和影响谈判形势，促进谈判过程朝着对自己有利的方向发展。引导是控制谈判局势、诱导对方思考的重要手段。引导的关键在于控制话题，应注意张弛有度，可采用反问、疑问、追问等语言技巧进行阐述，自然进入引导阶段。

二、合理让步

1. 让步的原则

在商务谈判中，让步是一种必然的、普遍的现象。如果谈判双方坚守各自的价格互不让步，那么，协议将永远无法达成，双方所追求的利益也无从实现。让步的次数要少，速度要慢，幅度要递减，应坚持以下原则：一是目标价值最大化原则。让步应分轻重缓急，依照重要性和紧迫性建立目标优先顺序，优先保证重要紧迫的目标，在条件允许的前提下适当争取其他目标。二是刚性原则。谈判对手的某些需求是无止境的，但让步资源是有限的，因此不能做无谓的让步，让步力度应先小后大，让谈判对手感觉让步是艰难的。三是时机原则。在适当的时机和场合作出适当、适时的让步，使让步的作用发挥到最大。四是清晰原则。让步的标准、让步的对象、让步的理由、让步的具体内容及实施细节应当准确明了。五是弥补原则。如果不让步有可能使谈判破裂，此时须此失彼补，即在某方面给予对方优惠，在另一方面加倍或均等地获取回报。

2. 让步的步骤

让步的基本思路是“以小换大”，即以局部利益换取整体利益作为让步的出发点。让步具体可分为四个步骤：第一步，确定谈判的整体利益。即确定谈判对于双方的重要程度及己方可接受的最低条件。第二步，确定让步的方式。不同的让步方式传递不同的信息，产生不同的效果。让步的方式通常依据具体情况进行调整，表现为多种让步方式的组合。第三步，选择让步的时机。己方根据实际情况，可以选择先于对方让步、后于对方让步或同时让步。选择让步时机的关键在于通过小幅度的让步给对方带来较大的满足。第四步，推断让步的结果。通过衡量让步的利益得失、取得的谈判地位及讨价还价力量的变化推断让步的结果。

3. 让步的方式

让步方式的运用在商务谈判中十分重要，它影响着谈判发展的方向，关系到谈判的最终结果。采取哪种让步方式取决于谈判对手的经验、谈判策略、期望让步后对方给予己方何种反应等因素，具体见表3—1。

表3—1　让步方式及其优缺点

让步方式	优点	缺点
最后一次到位式	开始寸利不让，最后让出全利，让对方有险胜的满足感	容易给对方留下缺乏诚意的印象，有失去合作伙伴的风险
均衡式	让步平稳持久，不让对方轻易占便宜	效率低、成本高，容易导致对方期待更大利益
递增式	有一定吸引力和诱惑力，引导对方按己方思路走	容易导致对方期望越来越大，不利于守住底线
递减式	不容易出现失误，让步幅度先大后小有利于对方等价利益交换	容易影响对方谈判情绪
有限式	让步幅度以等差递减，暗示谈判接近尾声，促使对方作出决定，以保住己方利益	容易使对方感到失望
快速式	一开始让步，然后便拒绝让步，让对方感到已让步到位，谈判成功率高	如遇强硬对手可能会加强其攻击性，或认为己方诚意不足
一次性让步式	一开始就亮出底牌，一次性让步到位，易打动对方采取回报，利于双方长期合作	容易失掉可获利益

课堂思考

招商经理：根据您的投资计划，我对项目做了介绍，您看还有什么地方需要我详细阐述？

客户：我觉得B公司的加盟价格比你们优惠，你们的加盟费是8万元，他们才5万元。

招商经理：说得很好！您知道为什么吗？这就是投资我们项目的关键。

客户：为什么？

招商经理：投资1万元回报1万元的项目和投资2万元回报5万元的项目，您会选择哪个？

客户：当然选择2万元的了，做生意就是为了赚钱啊。

招商经理：您说的很对，这就是我们的费用为什么跟他们有差距的原因。

客户：道理是这样，但我还是对项目信心不足。

招商经理：您太谦虚了，您有丰富的服务行业管理经验，这将是项目成功的关键，也是我们选择加盟商的必要条件之一。

客户：那倒是，我开过店，也帮别人管理过，他们都说我适合做老板。我人缘好，就喜欢交朋友，您是什么地方的人？

招商经理：我是山东人，您看我直爽的性格就知道，有什么说什么，我跟您很像，做事干净利落。

客户：做事嘛，看好了就做，怕这怕那就没有办法做事。

招商经理：您说的很对！跟您在一起很开心，谈事情很轻松，明白人一点就通。开店就需要您这样有勇有谋的老板。如果您没有其他问题的话，我把合同拿过来一起看看，行吗？

客户：好的。

请思考并回答以下问题：

1. 当客户对加盟费用出现异议时，招商经理是如何处理的？你有没有更好的办法？

2. 你认为在谈判中应如何进行有效引导？

三、打破僵局

谈判僵局是指在商务谈判过程中，因双方对所谈问题的利益要求差距较大不愿做出让步，导致双方因暂时不可调和的矛盾而形成的对峙局面。打破僵局是成交前的最后一个步骤，若能处理好，将使谈判朝着成交阶段迈进。谈判一旦出现僵局，谈判双方应想方设法采取积极的措施尽快解决。

1. 僵局产生的原因

僵局的产生往往由多种因素共同作用形成。一是由于双方立场、观点对立导致僵局。双方在谈判中越是坚持各自的立场，双方的分歧就会越大，当谈判成为意志力的较量时，通常会出现僵局。二是由于双方沟通障碍导致僵局。谈判双方在交流彼此情况、观点、协商合作意向、交易条件等过程中，由于主客观原因或双方文化背景存在较大差异，无法使用语言准确表达而造成理解障碍。三是由于谈判人员失误导致僵局。即因谈判人员个人职业习惯、受教育程度、专业知识、个人偏见等导致双方出现分歧。四是由于双方对利益合理要求的差距导致僵局。当双方对各自期望的利益存在较大差距时，谈判会搁浅，当差距无法消除时，僵局便产生。五是由于双方面对强迫的反抗导致僵局。一方向另一方施加强迫条件，被强迫一方越是受到逼迫，就越不退让，从而形成僵局。

2. 处理僵局的原则

处理僵局要做到以下原则：一是冷静理智地思考，正确分析问题，充分考虑双方潜在的利益、僵局产生的真实原因及谈判形势。二是协调双方利益，寻找平衡点，使双方对短期利益和长远利益做出调整。三是避免争吵，加强沟通，及时排解双方情绪，化解矛盾。

3. 打破僵局的方法

（1）横向式谈判法

横向式谈判法是打破僵局的常用方法，即采用新的议题与对方谈判，当其他议题的谈判取得成功时，再回到陷入僵局的议题。

（2）利益替代法

双方寻找潜在的共同利益，制定符合双方利益的替代性方案。

（3）有效退让法

双方找到可妥协之处，灵活地采取退让策略，换取另一方面的利益，达成双方都能接受的合作条件。

（4）休会法

休会时，双方可以仔细考虑有争议的问题，可以召集各自谈判小组成员商量具体的解决办法及可能的让步，以缓和谈判双方的不满情绪。

（5）更换人员法

经多方努力仍无效果时，可以在征得对方同意的情况下更换谈判人员，以消除不和谐因素，达到缓和气氛的目的。

（6）场外沟通法

谈判会场外的沟通称为“场外交易”“私下接触”等，它是一种非正式谈判。借助社交场合，双方可以无拘无束地交换意见，达到有效沟通、消除障碍、避免出现僵局的目的。

课堂思考

某年7月，重庆某房地产开发有限公司张总经理获悉澳大利亚著名设计师尼克先生将在上海作短暂停留，他委派高级工程师丁静作为公司全权代表飞赴上海与尼克先生洽谈，请他帮助设计公司投资的一所大厦的方案。

丁静一下飞机，马上与尼克先生的秘书联系，确定当天晚上在银星假日饭店的会议室见面会谈。下午5点，双方代表按时赴约，并在饭店门口巧遇。双方互致问候，一同进入21楼的会议室。

根据张总经理的交代，丁静介绍了该大厦的现状，并将准备的有关资料，如施工现场的照片、图纸、国内有关单位的原设计方案、修正资料等提供给尼克一方的代表。尼克对这一项目很感兴趣，同意接受委托，设计该大厦8楼以上的方案，并提出了40万元的报价。这一报价让丁静难以接受。考虑到公司的利益，丁静还价到20万元。对方感到吃惊，丁静解释道：“在来上海之前，总经理授权我们10万元左右的签约权限。我们出价20万元，已经超过了我们的权力范围。如果再增加，必须请示正在重庆的总经理。”双方僵持不下，尼克提议暂时休会。

第二天晚上，双方又重新坐到谈判桌前，这次尼克方主动降价，由40万元降到35万元，并一再声称：“这是最优惠的价格了。”丁静坚持说：“太高了，我们无法接受，经过请示，公司同意支付20万元，不能再高了。请贵公司再考虑考虑。”对方谈判代表说：“鉴于你们的实际情况和贵公司的条件，我们再降价5万元，即30万元。低于这个价格，我们就退出。”丁静分析，对方舍不得失去这次与本公司的合作机会，可能还会降价，因此仍坚持出价20万元。过了一会儿，对方谈判代表开始收拾笔记本等用具，准备退场。

眼看谈判再次陷入僵局，重庆公司的另一谈判人员急忙说：“请贵公司与我们的总经理通话，待总经理决定并给我们指示后再谈如何？”由于这样的提议，双方紧张的气氛缓和了下来。

次日，尼克方与张总经理取得了联系。其实在此之前，丁静已与张总经理通过电话，详细汇报了谈判的情况及对谈判的分析与看法，张总经理也做出了具体的指示。在双方报价与还价的基础上，张总经理再次出价25万元，尼克方对此基本同意，但提出要比原计划延期两周交图纸。经过协商，双方在当晚草签了协议，并于两天后签订了正式协议。

请思考并回答以下问题：

1. 在第一次陷入谈判僵局时，尼克方首先提出休会从而缓解谈判僵局，这是否显示其想达成协议的迫切性？为什么？

2. 在第二次陷入谈判僵局时，重庆公司的谈判人员提出让对方与己方的总经理通话，这给对方的谈判代表提供了哪些有利于打破僵局的信息？

第四节　结束阶段

结束阶段可以称为谈判的“收尾”。谈判结束前，须对谈判过程进行回顾总结，重点做好五件事：一是确定所有的内容都已谈妥，未能解决的问题已有处理方案；二是确定所有交易条件的谈判结果已达到己方期望的交易结果或谈判目标；三是确定最后让步的项目和幅度；四是确定采用的收尾技巧；五是确定交易记录安排。谈判双方在回顾总结后，须对谈判涉及的交易条件、最终报价、最后让步等进行最后的确定。

一、结束谈判的原则

结束谈判要坚持以下原则：一是彻底性原则，即所谈的交易内容要全面，各方面交易条件要谈具体，不得再出现需解决的问题。二是不二性原则，即谈判结束时，谈判结果具备不可更改性。三是条法性原则，即双方达成的各种交易条件要用相应的法律形式表达，做到口头协议文字化、文字协议格式化，使之具有法律的约束力。四是情理兼备性原则，即谈判终结时，双方情绪平稳且理解对方的处境，如未达成合作须充分解释原因，争取未来的合作机会。

二、结束谈判的判定

1. 实体性终结判定

谈判人员从谈判涉及的交易条件判定是否结束谈判，应重点做好三方面的考察：①考察谈判双方针对谈判议题反复磋商后尚存的分歧数量；②考察谈判对手的交易条件是否进入己方可以接受的最低成交条件；③考察双方在交易条件上是否具有一致性。

2. 过程性终结判定

谈判人员从谈判时间判定是否结束谈判，谈判时间包括谈判所需、所花、所限的时间，分为双方约定的谈判时间、单方限定的谈判时间、形势突变的谈判时间三种情况。双方约定的谈判时间，即在开始谈判前，谈判双方确定的谈判所需时间，当所定的时间用完，谈判也应结束。单方限定的谈判时间，即谈判一方提出自己可以参加谈判的时间。形势突变的谈判时间，即谈判的外部环境变化导致谈判的终结。

3. 技巧性终结判定

谈判人员从谈判策略判定是否结束谈判，通常有以下几种情况。

（1）最后立场策略（边缘策略）

阐明己方最后的立场，讲清只能让步到某一地步，如果对方不接受，谈判即宣布破裂；如果对方接受，则谈判成功。

（2）折中进退策略

选取双方条件差距之和的中间条件作为双方共同前进或妥协的策略，促使谈判成功。

（3）总体条件交换策略（一揽子策略）

双方谈判临近预定谈判结束时间时，以各自的条件作整体一揽子的进退交换以求达成协议。

4. 陈述性终结判定

谈判人员从双方发出的信号判定是否结束谈判，即通过是否出现阐明立场简明、回答问题简单、所提建议完整、结束谈判意图明显等信号进行判定。

课堂思考

长益电子有限公司的一个长期客户有个奇怪的习惯，每次对方的业务人员谈妥所有条件后，其经理都会出面要求再给两个优惠。最初，长益电子有限公司试图据理力争、坚守底线，但却因不得不考虑双方长期合作的稳固性而做出让步。合作多了，长益电子有限公司的谈判代表便将谈判过程中计划给对方的预期利益保留两项，专门等对方经理谈“两个优惠”，待讨价还价后勉强答应，双方皆大欢喜。

请思考并回答以下问题：

1. 长益电子有限公司在谈判结束阶段采取了什么策略?

2. 长益电子有限公司长期与此客户保持成功合作的原因是什么?

三、结束谈判的方式

结束谈判通常有三种方式:成交、终止、破裂。成交是指交易双方达成合同,实现交易,分为完全成交、部分成交两种情况。终止是指交易因某种原因未能达成全部成交或部分成交,因双方约定或单方要求暂时终结谈判的方式,分为有约期中止、无约期中止两种情况。破裂是指双方经过最后的努力仍不能达成共识,交易不成,或友好而别,或愤然离去,从而结束谈判,分为友好破裂结束谈判、对立破裂结束谈判两种情况。

课堂思考

在比利时的画廊发生了这样一件事。美国画商看中了印度人带来的三幅画,标价为 250 美元,画商不愿接受此价格,与印度人就价格进行谈判,双方唇枪舌剑,谁也不肯让步,谈判进入了僵局。印度人十分恼火,怒气冲冲地当着美国画商的面把其中一幅画烧了。美国画商看到这么好的画烧了,感到十分可惜。他问印度人剩下的两幅画愿卖多少钱,回答还是 250 美元。美国画商见其毫不松口,再次拒绝了这个价格,于是印度人又烧掉了其中一幅画。美国画商只好乞求他千万别再烧最后一幅。当他再次询问这位印度人愿卖多少钱时,印度人竟然说道:“最后一幅画 600 美元。”结果,这位印度人手中的最后一幅画竟以 600 美元的价格拍板成交。

请思考并回答以下问题:

1. 印度人采取哪种方式打破僵局,你有没有更好的办法,说说你对这种战略的评价。

2. 案例中结束谈判的方式属于哪种?

第五节　成交与签约阶段

在时机成熟时，双方可以表达成交意图，促使谈判成功。成功的商务谈判其内容最终要以合同的形式加以确认，并通过签约的方式启动法律效力，以保证合同实施。

一、整理备忘录

备忘录是谈判工作的记录，应注意内容的完整性与准确性。整理备忘录主要做两方面工作：一方面，向对方确认每一个议题的内容，核对对方的口头承诺；另一方面，己方反复阅读备忘录内容，以免出现遗漏或错误。

二、草拟协议

1. 协议的基本要求

（1）条理清晰

协议须围绕谈判双方的目的组织条款内容。

（2）内容具体

协议须措辞准确，权利和义务的条款应全面、详细、严谨、对等，违约责任须明确。谈判中达成的交易条件须见诸文字，且文字简洁、概念明确。

2. 协议的文本格式

协议一般包括约首、主文、约尾三个部分。

（1）约首，包括协议的名称、编号、订立协议的时间和地点、签订协议双方的名称等内容，有时须注明据以签订协议的有关函电的日期及编号、有关概念的定义与解释等内容。

（2）主文，即条款。

（3）约尾，包括协议双方的住所、电话、传真、开户行、账号、邮政编码等，并标明双方当事人的签字处。

3. 注意事项

一是尽量争取己方起草协议，至少争取与对方共同起草协议；二是审查协议的主体、客体以及签订过程；三是协议文本应由法律顾问起草，或起草后请法律顾问审查修改。

三、签订书面合同

书面协议起草完毕后，双方当事人应认真地审查各项条款，确认协议条款内容无误时，由双方代表签订书面合同。书面合同也称为成交确认书，是交易双方为明确各自的权利和义务，以书面形式确定下来的合同。书面合同一经谈判双方签字确认，就成为对双方均有约束力的法律文件。

1. 签订步骤

一般先签订“合同备忘录”，它虽然不是正式的合同，但一经双方签字，就代表双方的承诺。然后，正式签订合同。

2. 签字仪式

正式签订书面合同时，一般会举行签字仪式。签字仪式要做好下列准备工作：预备好待签的合同文本、布置签字厅、确定参加签字仪式的人员与流程、规范参加人员的着装要求。

提供待签合同文本的主方，应会同有关各方指定专人共同负责合同文本的定稿、校对、印刷、装订、盖章等工作，为在合同上正式签字的有关各方均提供一份待签的合同文本及副本。签署涉外商务合同时，待签的合同文本应同时使用有关各方法定的官方语言，或是使用国际上通行的英文、法文。

签字厅除了必要的签字用桌椅外，应简化其他用品。正规的签字桌应为长桌，铺设台布，放好待签的合同文本及签字笔、吸墨器等签字时所用的文具，签订涉外合同时还应插放有关各方的国旗。签署双边性合同时，可放置两张座椅，供签字人就座，主方在面对正门的左侧就座，客方在面对正门的右侧就座。

各方签字人身份应大体相当，可以安排一名助签人。出席签字仪式的人员应为参加谈判的全体人员，在出席签字仪式时应当穿着深色西装套装、中山装套装或西装套裙，并且配以白色衬衫与深色皮鞋。工作人员可以穿自己的工作制服或礼仪性服装。

3. 注意事项

在合同签订过程中应注意以下问题：一是双方当事人是否具有签约资格；二是双方确认事项拟成条款是否与合同的目的相符；三是合同条款是否符合有关法律规定，是否维护社会共同利益；四是违约责任条款是否明确、具体；五是中外文本是否具备一致性；六是重要合同签订后，对方经营状况是否有变化，是否有影响合同执行的不可抗因素发生；七是是否考虑好出现合同纠纷的解决办法。

思考与练习

一、简答

1. 商务谈判的实施过程分为哪几个阶段?
2. 商务谈判开局阶段陈述的技巧有哪些?
3. 商务谈判常见的报价方式有哪几种?
4. 简述商务谈判中让步的方式。

二、案例分析

仔细阅读背景资料，请对中方公司谈判代表的表现及谈判结果进行评价。

背景资料：日本A公司向中国B公司购买电石，这是双方交易的第五年。今年日方想压低价格，提出从410美元/吨降到390美元/吨的条件。对此，供货厂的厂长与中方公司的代表共4人组成了谈判小组，由中方公司代表为主谈人，与日方就价格进行谈判。谈判前，供货厂厂长与中方公司代表对价格达成共识，即可以在390美元/吨成交，因为供货厂需要订单连续生产。中方谈判代表向主管领导进行了汇报，主管领导认为390美元/吨价格过低，在谈判中可以灵活让步，但让步幅度要小，争取在400美元/吨成交。中方公司代表将此意见向供货厂厂长转达，并与其达成共识，一起在谈判中争取该条件。经过交锋，日方在价格上进行了让步，双方以400美元/吨的价格成交。

三、情境模拟

由4~6人组成学习小组，阅读背景资料，收集谈判信息，组建谈判团队，制订谈判计划及谈判策略，由两个学习小组分别代表刘闯和齐达实施现场谈判，其他小组作为现场观察员进行记录，并对谈判过程和谈判结果进行评价。

背景资料：刘闯拥有一家经营比萨的快餐店，去年的营业额为 65 万元，这家店经营多年，地理位置极佳，附近有大型商场和儿童游乐场。因计划出国定居，刘闯想把店面盘出去并刊登了广告：盘店总价 53 万元，提供价值 10 万元的存货、12 万元的厨房设备、20 万元的餐厅设备以及店面不动产、商业信誉等无形资产。

齐达已在本市经营两个比萨快餐店，生意火爆，为了扩充营业面积，做好连锁品牌，计划盘下一家新店，希望新店价格合理、位置适中。他曾与多家快餐店接触过，均因价钱谈不拢而作罢。齐达看中刘闯的店，他认为刘闯的店面条件符合自己的要求，但齐达有个难题：手头的流动资金不足，从银行获得的贷款数额无法支付刘闯的要价。因此，齐达希望通过与刘闯谈判达成以下目标：①最优目标：以 35 万元盘下店面。②可接受目标：以 45 万元盘下店面，先支付 35 万元，余款分两年付清。③最低目标：以 55 万元盘下店面，先支付 35 万元，余款分四年付清。

第四章　商务谈判的策略与技巧

谈判者要想在谈判中获得成功，达到预期目的，实现各自需要，除了要遵守一定的谈判原则和按着一定的谈判程序进行谈判之外，重要的一点就是在谈判过程中要注意运用谈判策略和技巧。

学习目标

1. 了解商务谈判策略的含义
2. 熟悉制定商务谈判策略的程序
3. 掌握商务谈判策略的制定方式
4. 熟练运用预防性策略、进攻性策略和综合性策略
5. 能运用商务谈判策略及技巧解决实际谈判案例

美国华克公司承包了一项工程，要在一个特定日子之前，在费城建一座规格庞大的办公大厦。一开始，项目进行得很顺利，不料在接近完工阶段，负责供应内部铜器装饰的承包商突然告知无法如期交货。这样一来，整个工程就会耽搁下来，华克公司就要支付巨额罚金，遭受重大损失。为此，华克公司与承包商进行了多次交涉，但都没有结果。华克公司只好派代表高先生前往承包商处进行谈判。

高先生一走进那位承包商的办公室，就微笑着说："你知道吗，在布洛克林巴，有你这个姓氏的人只有一个。我一下火车就查阅电话簿想找到你的地址，结果巧极了，有你这个姓氏的只有你一个人。"

承包商有些骄傲地说："不错，这是一个很不平常的姓。我的家族是从荷兰移居纽约的，几乎有200年了。"他继续谈论他的家族及祖先。当他说完之后，高先生就称赞他居然拥有一家这么大的工厂。承包商说："这是我花了一生的心血建立起来的事业，我为它感到骄傲，你愿不愿意到车间参观一下？"高先生欣然前往。

在参观时，高先生一再称赞其组织制度健全、机器设备新颖，这位承包商高兴极了，他声称这里有一些机器还是他亲自发明的。高先生马上又向他请教那些机器如何操作、工作效率如何等。到了中午，承包商坚持要请高先生吃饭。他说："到处都需要铜器，但是很少有人像你这样对这一行感兴趣的。"

吃完午饭，承包商说："现在，我们谈谈正事吧。我知道你此次来的真正目的，但我没有想到我们交谈得如此愉快。你可以带着我的保证回去，我保证你们要的材料将如期运到。我这样做会给另一笔生意带来损失，但是我认了。"

高先生轻而易举地获得了他所急需的东西，那些器材及时运到，办公大厦在契约期限届满之前顺利完工了。

请思考并回答以下问题：

1. 请问美国华克公司的高先生为什么会获得谈判成功？

2. 你从该案例中得到什么启示？

第一节　商务谈判策略概述

一、商务谈判策略的含义和种类

策略原是军事术语，有人称之为计谋、谋略，是相对于战略而言的。商务谈判策略一般是指谈判者为解决某一具体问题而采取的对策和行动方案。具体来说，商务谈判策略包括三层含义：第一，它是一个面向未来的整体概念；第二，它是实现某些目标的意愿，策略的选择对谈判将起到决定性的作用；第三，它是经过论证后的恰当选择。

一般来说，商务谈判策略可以分为三类：一是预防性策略，二是进攻性策略，三是综合性策略，后面将分别进行介绍。

二、商务谈判策略的作用

1. 谈判策略是在谈判中扬长避短和争取主动的有力手段

进行商务谈判的双方都渴望通过谈判实现自己的既定目标，这就需要认真分析和研究谈判双方各自所具有的优势和劣势，即对比双方的谈判筹码。在掌握双方基本情况之后，若要最大限度地发挥自身优势，争取最佳结果，就要机动灵活地运用商务谈判策略。例如，制造商在与买方的谈判中，既要考虑买方的情况，又要关注买卖双方竞争对手的情况，要善于利用矛盾，寻找对自己最有利的谈判条件。

2. 谈判策略是企业维护自身利益的有效工具

谈判双方的关系虽非敌对，但也存在着明显的利益冲突。因此，双方都面临如何维护自身利益的问题，恰当地运用谈判策略则能够解决这一问题。在商务谈判中，如果不讲究策略或运用策略不当，就可能轻易暴露己方意图，以致无法实现预定的谈判目标。高水平的谈判者应该能够按照实际情况的需要灵活运用各种谈判策略，达到保护自身利益、实现既定目标的目的。

3. 灵活运用谈判策略有利于谈判者掌控谈判过程的各个阶段

由于谈判过程具有复杂性，谈判者在任何一个阶段对问题处理不当，都会导致谈判的破裂和失败。谈判者要想谈判能顺利进行，达到预期的谈判目标，就必须重视和讲究谈判的策略和技巧。只有这样，才能克服谈判中出现的困难，将谈判逐步推向成功。

4. 合理运用谈判策略有助于促使谈判对手尽早达成协议

谈判的当事双方既有利益冲突的一面，又有渴望达成协议的一面。因此，在谈判中合理运用谈判策略，及时让对方明白谈判的成败取决于双方的行为和共同的努力，就能使双方求同存异，在坚持各自基本目标的前提下互谅互让、互利双赢，从而尽早达成协议。

三、商务谈判策略的特点

1. 针对性

商务谈判是一种针对性很强的活动。在商务谈判中，谈判者主要针对商务谈判的内容、目标、谈判人员风格以及对方可能采取的策略等来制定己方的策略。有效的商务谈判策略必须对症下药、有的放矢。

2. 预谋性

在商务谈判中，谈判策略的运用绝不是盲目的。谈判者应事先对可能遇到的情况及出现的复杂局面进行商讨与筹划，策略的产生过程就是策略的预谋过程。

3. 时效性

几乎所有的商务谈判策略都有时效性的特点。一定的谈判策略只能在一定的时间内产生效用或效用最大化，超过这一特定的时间，商务谈判策略的效用就会发生变化。

4. 随机性

在商务谈判中，无论考虑得多么周密，方案、计划制订得多么详细，都会因时、因地、因环境而使一些事先谋划的策略不能产生预期的效果。在这种情况下，谈判者必须根据谈判的实际情况、过去的经验和现时的创新，随机应变，采取适当的策略来解决实际的问题。

5. 隐匿性

在具体的商务谈判实践中，谈判策略一般只为己方知晓，而且要尽可能有意识地保密，这就是商务谈判策略的隐匿性特征。

6. 艺术性

商务谈判策略的艺术性特征是从隐匿性特征演化而来的，即商务谈判策略的运用及其效果必须具有艺术性。

7. 综合性

商务谈判策略是一个集合和混合的概念，它包括了在商务谈判过程中对谈判方式、战术、手段、措施、技巧等的综合运用。

四、制定商务谈判策略的程序

制定商务谈判策略的程序主要包括进行现象分解、寻找关键问题、确定目标、形成假设性解决方法、对解决方法进行深度分析、生成具体谈判策略、拟订行动计划方案七个步骤。

1. 进行现象分解

进行现象分解是制定商务谈判策略的逻辑起点。要将谈判中的问题、趋势、分歧、事件分解成不同的部分，从中找出每一部分的意义之后，再重新组合，借以找出最有利于己方的形式。

2. 寻找关键问题

进行现象分解之后，就要有目的地寻找关键问题，即抓住主要矛盾。寻找关键问题可以采用抽象分析、具体问题分析、谈判对手分析、发展趋势分析等技术。

3. 确定目标

确定目标关系到谈判策略的制定，以及整个谈判的方向、价值和行动。确定目标既要根据现象分解和关键问题分析得出的结论，还要根据己方条件和谈判环境要求，对各种可能目标进行动态分析判断，以便取得最佳的结果。

4. 形成假设性解决方法

形成假设性解决方法是制定谈判策略的核心与关键步骤。形成的假设性解决方法必须既能满足目标，又能解决问题。解决方法是否有效，要经过比较才能鉴别，所以谈判者在提出假设性解决方法时，既要解放思想、打破常规，力求有所创新，又要尽力使假设性解决方法切实可行。

5. 对解决方法进行深度分析

在形成假设性解决方法后，谈判者要准确地权衡利弊得失，运用定性与定量相结合的分析方法，对解决方法进行深度分析，为最终谈判策略的选择打下基础。

6. 生成具体谈判策略

在深度分析的基础上，确定评价的准则，得出最后的结论。

7. 拟订行动计划方案

有了具体的谈判策略，还要考虑把策略落到实处，这就要按照从抽象到具体的思维方式，列出各个谈判人员必须做的事情，把它们在时间、空间上安排好，并进行反馈控制和追踪决策。

课堂思考

请思考以下工作属于谈判策略制定中的哪个程序？

1. 收集并整理谈判对手公司过去五年的收购资料。
2. 与其他谈判小组成员分别讨论方案 A、方案 B、方案 C 的优缺点。
3. 开会确定本次商务谈判的收购最低价。
4. 谈判小组成员开会进行分工，并形成行动计划。
5. 谈判小组成员围绕谈判策略进行头脑风暴。

五、商务谈判策略的选择依据

1. 根据谈判对象选择谈判策略

“见什么人说什么话”“量体裁衣”这些俗话的原理也适用于谈判策略的选择上，就是应根据不同的谈判对象选择不同的谈判策略。具体地说，谈判者应根据谈判对象的身份、性别、年龄、经验、态度、性格、谈判作风等因素选择不同的谈判策略。

（1）根据谈判对手的身份来选择谈判策略

从谈判对手的身份来看，主谈人可能是国有企业的企业家、个体户老板、一般业务员等，与以上不同身份的对手谈判，其谈判策略的选择会有所差异。例如，与国有企业的企业家和个体户老板同样是就经济问题进行谈判，谈判策略的选择就要有所区别。对国有企业的企业家应多采用以柔克刚、以退为进等策略，而对个体户老板就应多采用声东击西、诱敌深入等策略。

（2）根据谈判对手的性别来选择谈判策略

从谈判对手的性别来看，对男性和女性的谈判对手所采用的策略也大不相同。一般来说，女性在语言表达能力上强于男性，而男性在逻辑思维、空间抽象能力上强于女性，且男性通常攻击性更强，女性则通常情绪敏感性更强。在实际谈判中，应根据男性、女性在心理和行为上的差异进行谈判策略的选择。

（3）根据谈判对手的年龄来选择谈判策略

谈判双方的年龄差异也会影响谈判策略的选择。在谈判中，如果谈判对手比自己年长，应该多运用谦和的谈判语言，时时体现出对长者的尊重，以柔克刚，而不应该表现得咄咄逼人、盛气凌人；如果谈判对手比自己年轻，则应该在谈判中显示出优势，以优势、见识、经验等去征服对方，或利用同龄人彼此间有共同语言、思想易沟通的特点，使其放松戒备而争取达成有利于自己的结果。

（4）根据谈判对手的经验来选择谈判策略

谈判对手的经验不同，所选择的谈判策略也大不相同。例如，对久经沙场、富有经验的谈判对手，选用的谈判策略要富于变化，甚至要运用全方位策略，令其防不胜防；对初次谈判、鲜少经验的谈判对手，选用的策略不能太复杂，应一步一步地与其谈判。

课堂思考

日本松下电器公司创始人松下幸之助先生刚创业时，曾被某批发商以寒暄的形式试探了自己的底细，导致自己产品的收入大受损失。

当时，松下先生首次到东京，找批发商谈判。刚一见面，批发商就友善地对他寒暄说："我们第一次合作吧？以前我好像没见过你。"批发商想用寒暄托词来试探对手是生意场上的老手还是新手。

松下先生没有经验，恭敬地回答："我是第一次来东京，什么都不了解，请多照顾。"正是这句极为平常的回答却使对手获得了重要的信息：对方只是个新手。

批发商接着问："你想以什么价钱卖出你的东西？"松下先生又实在地告诉对方："我们的产品每件成本是20元，我打算卖25元。"批发商知道松下先生在东京人生地不熟，又显现出急于要为产品打开销路的心思，因此趁机杀价："你首次来东京做生意，刚开张应该卖的更便宜些。每件20元，怎么样？"

结果，没有谈判经验的松下先生在这次谈判中吃了亏。

假如你是松下幸之助，面对对方的寒暄，你要如何回应？

（5）根据谈判对手的态度来选择谈判策略

在各种商务谈判中，谈判对手的态度往往是不一样的，如有的诚恳，有的狡诈，有的主动，有的消极等。谈判时，应根据谈判对手的态度选择不同的谈判策略。如果对方开诚布公，己方就应以诚相待；如果对方狡诈油滑，己方就应巧妙周旋；如果对方积极主动，己方就应积极回应；如果对方满不在乎，己方就应适当地采用以柔克刚等策略；如果对方消极或固执，己方就应采用以刚克柔等策略。

（6）根据谈判对手的性格来选择谈判策略

每个人的个性都具有独特性，与不同性格的对手谈判，谈判策略的选择也有所不同。

从接受性来看，一种对手是"开放型"的，这种对手热情、开朗、健谈，思想透明度高，心胸开阔，短期行为较少，与其谈判应多采用最后通牒等策略；另一种对手是"封闭型"的，这种对手注重礼仪、为人客气、言谈谨慎，与其谈判应多采用乱中取胜、疲劳战术等策略。

从反应性来看，一种对手是“直觉型”的，这种对手机敏、干练、精明、富于冒险精神，与其谈判应多采用声东击西等策略；另一种对手是“理智型”的，这种对手在谈判中提的问题较多，喜欢考虑每一个细节而进行权衡，与这类对手谈判，要多强调不成交会给对方带来哪些利益上的损失，少强调成交会给对方带来多大的利益，因为这类对手往往有较强的戒备心。

从社交倾向性来看，一种对手是“外向型”的，这种对手热情、友善、宽容、活泼、开朗、急躁、直率，与其谈判应多采用以退为进等策略；另一种对手是“内向型”的，这种对手害羞、腼腆，与其谈判须想办法使对方放松紧张的心情，并根据谈判的进度采用相应的策略。

（7）根据谈判对手的谈判作风来选择谈判策略

因个人性格特征、环境影响等因素，每个谈判者在谈判过程中都会形成属于自己的谈判作风。因此，与不同谈判作风的人谈判，应采取不同的谈判策略。

根据谈判作风，可以将对手大致划分为两大类：一类是法制观念较强、靠正当手段取胜、作风较好的谈判者，另一类则是法制观念较弱、靠诡计权谋取胜、作风较差的谈判者。对于前者，可以根据其各方面的特点，公正、公开地与其进行“阳光谈判”。对于后者，则要加倍小心，应及时识破对方的诡计，以适当的策略给予揭穿，使其无法得逞。但所采用的策略不要太过强硬，以免使对方感到难堪和不安，阻碍谈判顺利进行。如果对方仍然保持这种作风，则可采用离开谈判现场表示抗议的策略，甚至可以拒绝继续进行谈判。

2. 根据谈判性质选择谈判策略

对于不同性质的谈判，应该选择不同的谈判策略。例如，合作性的谈判应多采用类似商讨式的策略，互利性的谈判应多采用类似讨价还价式的策略，对抗性的谈判则应多采用针锋相对、最后通牒等策略。

3. 根据当时处境选择谈判策略

在谈判进行过程中，由于自己处境的优劣不同，其策略的选择也有所不同。当己方处于较强的谈判地位，并涉及一些重大原则问题时，应采用强硬的对抗性策略，即坚持己方原先的立场不妥协，迫使对方让步；相反，若是己方处于弱势，又要与对方建立和保持一定的关系，就应多采用柔和的策略，如采用以退为进策略，心平气和地倾听对方的意见，耐心地与其交换想法，循循善诱地充分说理。

课堂思考

巴西一家公司组成谈判小组到美国公司就成套设备采购事宜进行谈判。

巴西谈判小组成员因为上街购物耽误了时间，当他们到达谈判地点时，比预定时间晚了 45 分钟。美方谈判代表对此极为不满，花了很长时间来指责巴西谈判人员不遵守时间，没有信用，如果这样下去的话，以后很难合作，因为浪费时间就是浪费资源、浪费金钱。对此巴西谈判人员感到理亏，只好不停地向美方代表道歉。

谈判开始以后，美方代表似乎还对巴西谈判人员迟到一事耿耿于怀，一时间弄得巴西谈判人员手足无措，说话处处被动，也无心与美方代表讨价还价，对美方提出的许多要求也没有静下心来认真考虑，匆匆忙忙就签订了合同。

等到合同签订以后，巴西谈判人员平静下来，才发现自己吃了大亏，但已经晚了。

如果你是巴西谈判小组中的一员，处在当时的情境中，你有什么好办法?

4. 根据法律和谈判规则选择谈判策略

谈判策略的运用是为了实现法律规定的精神和体现谈判的原则和规定。现代社会文明的特点之一是行为的法制化和规范化。而商务谈判是行为中的一种，所以谈判策略的选择，也必须符合法律规定和谈判规则。

各个国家对商业上的规定和制约是不完全相同的，要想获得谈判成功，在策略选择上必须入乡随俗，做到既有利于己方和尊重对方，又不违反法律规定和谈判规则。

六、谈判策略运用的基本原则

1. 周密谋划原则

商务谈判是一种高水平的“智力游戏”，只有周密谋划，才能取得预期的谈判结果。所谓周密谋划原则，就是在运用谈判策略时要对每一环节、每一句话进行周密细致的运筹，做到胸怀大局、有勇有谋。

2. 随机应变原则

谈判桌上的攻防技巧和策略很多，且常用常新，这就要求谈判者特别是主谈人要做到随机应变、见机行事。所谓随机应变原则，就是在运用谈判策略时要根据谈判的有利时机，灵活应对谈判形势的变化，做到不丢失主动权。

3. 有理、有利、有节原则

商务谈判是谈判双方不断磋商、相互让步、解决争端，以求最后达成协议或签订合同的过程。达成的协议或签订的合同一般都是双方可以接受而且彼此均能获益的，这就要求谈判双方都要遵循有理、有利、有节的原则。所谓有理，是指在谈判磋商中，无论是提建议还是反对建议，都要掌握充分的材料与数据，具有充分的说理内容，不能空洞说教，更不能凭空臆想或者无理地坚持己见；所谓有利，是指谈判人员利用对自己有利的因素，促进谈判向预期的目标发展；所谓有节，是指在谈判磋商中涉及争议问题时，因关系双方的利益，应掌握好分寸与火候，要适可而止，切不可贪得无厌。

第二节　商务谈判策略——预防性策略

预防性策略的目标是使谈判双方避免发生较大的冲突，或使谈判双方的矛盾不要激化。预防性策略的具体方式包括沉默寡言策略、声东击西策略、诱敌深入策略、乱中取胜策略和疲劳战术策略等。

一、沉默寡言策略

1. 定义

沉默寡言策略是指在谈判中先不开口，让对方尽情阐述，或多向对方提问以促使对方针对议题进行阐述，以此暴露其真实的动机和最低的谈判目标，然后根据对方的动机和目标并结合己方的意图采取有针对性的对策。

这种谈判策略之所以有效，其根据在于：谈判中说得越多，自己的信息暴露得就越多，从而就越有可能处于被动境地。同时，沉默会使对方受到冷遇，造成对方心理恐慌，从而达到削弱对方谈判力量的目的。

使用沉默寡言策略要特别注意审时度势、灵活运用，否则，会适得其反。例如，在还价中的沉默，对方会认为是默认；又如，沉默的时间过短，对方会认为是对其服软，反而增添了对手的谈判力量。

2. 运用技巧

运用沉默寡言策略，应注意以下几点。

（1）事先准备

首先，要明确沉默寡言策略的运用时机，比较恰当的时机是报价阶段。在报价阶段，如果对方的态度咄咄逼人，双方的要求差距很大，可适时运用沉默寡言策略来缩小双方要求差距。其次，要约束己方的反应。在沉默中，行为语言是唯一的反应信号，是对方十分关注的内容，所以，事先要准备好使用哪些行为语言，同时还要统一谈判人员的行为语言口径。

（2）耐心等待

在运用沉默寡言策略时，只有耐心等待才可能使对方失去冷静，造成对方心理上的压力。在沉默过程中，要全神贯注地聆听，冷静地思考，充分感受对方的情绪，洞悉对方的实意，以充分发挥沉默寡言策略的作用。

（3）利用行为语言，搅乱对手的谈判思维

沉默寡言策略的目的在于捕捉对方信息，探索对方动机，因此可从需求出发，有目的地利用行为语言，搅乱对手的谈判思维，促使己方来控制谈判局面。

案例点评

一次，美国一位非常著名的谈判专家代表一家电影公司与一家保险公司交涉赔偿事宜。保险公司的理赔员首先阐明了态度："先生，我知道你是谈判专家，一向都针对巨额款项谈判，恐怕我无法承受你的要价。我们公司打算出 2 万元赔偿款，你觉得如何呢？"谈判专家表情严肃地沉默着。理赔员见他一直沉默，沉不住气了："抱歉，请勿介意我刚才的提议，我再加一点，2.5 万元如何呢？"谈判专家又是一阵沉默。"那 3.5 万元如何呢？"谈判专家等了一会儿答道："3.5 万元？电影公司可能接受不了啊。"理赔员开始显得有些不安了："好吧，再加 1 万元，4.5 万元。"又是一阵难耐的沉默后，谈判专家说道："接受不了。""那就 5 万元吧。"理赔员痛心疾首地说。……最后，这件理赔案以 8 万元达成协议，而电影公司原本只是希望能够拿到 5 万元的赔偿金。

点评：在谈判专家的沉默寡言策略中，保险公司顶不住压力，节节败退。"沉默是金"在这里得到了充分的体现。

二、声东击西策略

1. 定义

声东击西策略是指己方为达到某种目的和需要，有意识地将洽谈的议题引导到无关紧要的问题上，从而给对方造成一种错觉，使其做出错误的或违反事实本来面目的判断。声东击西策略有时也可以作为试探对手的一种手段，看看对方有何反应，以便为己方制定谈判对策提供依据。

2. **作用**

使用声东击西策略的目的，往往是为了掩盖真实的企图。比如“围魏”的真正目的是为了“救赵”，“指桑”的真正用意是为了“骂槐”，而“项庄舞剑”则“意在沛公”。之所以要掩盖真实的动机，无非是怕真实的动机一旦暴露，就很难实现目的。只有在对手毫无准备的情况下，目标才容易实现。

声东击西策略具有很强的灵活性，能够避免谈判双方正面交锋可能带来的不良影响。在运用过程中，己方会有一个假的目标和一个真的目标，会采取假的行动和真的行动。假的目标、假的行动是为了迷惑对手，试探对方的底线，到时机成熟的时候，或者对手难以改变局面的时候，再显示真实的目的。如果情况出现变化，假的目标则有可能转化为真的目标。

3. **运用技巧**

在商务谈判中，声东击西策略的使用一般来讲应满足下列条件：

（1）要有“声东”的条件和理由，才能不引起对方的怀疑。

（2）“声东”要逼真，“击西”要自然，要找好过渡的语言。

（3）要了解对手的心理，掌握好“击西”的时机。

（4）实施或运用声东击西策略时，必须清楚地了解并准确地判断对方是否察觉到己方的真实动机，如果己方的动机已被对方察觉，则声东击西策略就会失效甚至导致己方处于尴尬局面。

案例点评

某市一间瓷厂为酒厂生产包装瓶。瓷厂在年底核算时，发现受原材料涨价等因素的影响，每个酒瓶的单价应当有所上调。但是如果直接向酒厂说要调高价格，又担心酒厂另找供瓶厂而使本厂的生产计划受到影响。

经过谋划，瓷厂向酒厂展开了如下攻势：“由于国家控制信贷及物价上涨等因素的综合作用，瓷厂目前流动资金不足，生产遇到困难，希望酒厂能预付下一年酒瓶的 1/3 货款。否则，瓷厂减产将会给酒厂的生产带来不利的影响。”

酒厂自然不愿预付那么多的款项，于是派人去和瓷厂协商。最后瓷厂做出让步，以适当提高空酒瓶的价格作为妥协。

点评：酒厂以为自己省下了一笔钱，瓷厂却如愿以偿地达到了提价的目的，这就是声东击西策略的成功运用。

三、诱敌深入策略

1. 定义

诱敌深入策略也称欲擒故纵策略，是指对于志在必得的交易谈判，己方故意通过各种措施，让对方感到自己满不在乎，从而压制对手开价，确保己方在预想条件下成交。

2. 运用技巧

运用诱敌深入策略，具体要从以下几个方面入手：

（1）态度

谈判人员要在有礼貌的基础上，对谈判对手保持一种半冷半热、不紧不慢的态度。

（2）进度

谈判人员可适当放慢谈判进度，使谈判显得松弛、随意。自己不要主动加快谈判节奏。如果对方想加快谈判进程，可以适当满足，但不应全部满足。

（3）温度

在对对手保持半冷半热态度的同时，还要适时适度地增加“温度”，即用分析、结论性的话语揭示对手长处、竞争优势，燃起对手成功的希望，挑起对手投入谈判的欲望。例如，“按照贵方目前态度，我很难讲合同是否能签约，除非贵方扬长避短”“贵方若失去交易实在太可惜，因为不是没竞争性，而是没发挥竞争力”等。

案例点评

国内知名彩电制造厂商A公司，就电视机显示屏大宗采购事宜与行业内两家知名国际大厂B公司和C公司进行谈判。就合作条件而言，A公司想与B公司达成合作意愿，但是B公司的某些合作条件未能满足A公司的部分要求。

为了让B公司进行让步，A公司在谈判中采用了诱敌深入策略。

首先，在双方谈判议程上，通过非正式渠道告知B公司自己先与C公司进行谈判，并且派出高级别的人员参加，而把B公司放在后面，且高级别人员不参加。

其次，利用正式工作的时间与C公司谈判，但利用非正式工作时间与B公司谈判，并且故意拉长与C公司的谈判时间，而缩减与B公司的谈判时间。

再次，在与B公司进行谈判时，态度上表现出不冷不热，合作意愿上表现出不紧不慢，口头上给予B公司谈判人员更多的考虑时间。

最终B公司谈判人员主动打电话给A公司，做出了一定让步，双方达成了合作。

点评：A公司分别通过谈判次序、谈判时间以及谈判态度三个方面对B公司和C公司区别对待，并采取措施故意让B公司知道所有安排，巧妙放出“诱饵”，最终使得B公司主动让步。

3. 注意事项

采用诱敌深入策略时要注意：

（1）要给对方以希望，在谈判中表现得若即若离，每一次“离”都应有适当的借口，不让对方轻易得到，也不能让对方轻易放弃。这样，当对方再一次得到机会时，就会倍加珍惜。

（2）要给对方以“诱饵”，一方面要保持不冷不热的态度，另一方面又要有意给对方机会，要让对方感觉确实能从谈判中获利。

（3）要给对方以礼节，即讲话要掌握火候，诱敌时的用语应注意尊重对方，切不可有羞辱对方的行为。否则，容易使诱敌的意图失效。

值得一提的是，在使用诱敌深入策略时，信息的不对称是非常重要的。如果对手对己方非常了解，以至于己方承诺的非实质性让步都被对手看穿，此时，己方是难以让对手松懈下来而成功实施策略的。同时，如果己方不了解对方的情况，比如对方性格特点比较冷静，对交易的评价也不高，此时如果采用诱敌深入策略，反而有可能激发对方拒绝交易的想法，适得其反。

小贴士

使用诱敌深入策略，可能出现的结果有两种：

第一种是对方成功上钩。此时对手已经落入“圈套”，会担心谈判不成而损失已有利益，主动权已经完全被己方掌握。这是诱敌深入策略的最佳效果，出现这种情况，己方就能获得更大的优势，可以迫使对方接受己方条件，也可以实施其他策略来巩固优势。

第二种是对方不为所动。出现这种情况，可能是对方已看穿己方的策略，并深知己方的让步都非实质性让步，此时对方有可能直接提出让己方让出实质利益，让己方丧失谈判主动权，还有可能将计就计，也对交易表现出冷漠态度，此时谈判会陷入僵局，如果不能突破僵局，谈判破裂的可能性非常大。

课堂思考

仿照以下采用诱敌深入策略语句的示例，自选角度，再写一句。

1.“李经理，这样吧，你可以拿回去跟贵公司领导商量一下，考虑一下这个价格是否可以，没有利润的项目，我想我们不会做。”

2.“王总，我觉得我们合作项目没问题，这个钱到底出多少，我也不介意，但现在我手头有两三个项目等着考虑，这个项目对我来说，可有可无。”

3.“宋经理，我方刚刚已经把价格提高了10%，而贵方寸步不让，我想我没有办法回去交差，价格只能是原来的价格，不能提高了。”

四、乱中取胜策略

1. 定义

乱中取胜策略是商务谈判中比较常见的谈判策略，又叫“浑水摸鱼”策略或“炒蛋”策略。一般来说，谈判应当是循序渐进的，而乱中取胜策略则是故意将谈判秩序搞乱，将众多问题放在一起讨论，让对手难以应付，使己方在心理上占有优势，从而趁机引导对方达成有利于己方的协议。

2. 作用

乱中取胜策略在商务谈判中可以发挥以下作用：

（1）增加对方谈判工作量，可借机了解对方在压力下保持理智的能力。

（2）可以有效转移对方的视线，分散对方对关键问题的注意力。

（3）可以作为缓兵之计，以便抽出时间对有关问题做更深入的了解、探知，或查询更多的信息资料，以研究更妥善的解决办法。

案例点评

国内某公司与外商洽谈合伙生产矿泉水事宜。

中方对外商提出的某一技术数据表示怀疑时，外商马上拿出一大摞让人眼花缭乱的技术资料，让中方自己分析计算。

中方谈判人员被这些资料弄得头昏脑涨，根本没有意识到这是外商的乱中取胜策略，也没有思考回击对方的战略战术，最后只得说："我们相信你们的技术数据。"随后草草签了协议书。

点评：这是一个反面例证，说明在谈判中，不能让谈判对手扰乱己方的心智活动，在对方使用乱中取胜策略时，要冷静应对。

3. 运用技巧

（1）谈判开始便提交大量要讨论的问题或者繁杂的数据。

（2）提出某个含糊不清而又不太重要的问题加以讨论。

（3）将一个本来很简单的问题复杂化。

（4）提供一些详细琐碎的资料，使之成为对方的负担并以此来分散对方的精力。

（5）突然改变计划或提出一项新议题，迫使对方重新整理思路。

4. 破解对策

破解乱中取胜策略，具体要做到以下几点：

（1）要沉着冷静，坚持自己的意见，用自己的意识和能力影响谈判的进程和变化，以防失去主动权。

（2）坚决要求对方回到谈判的正常程序中，逐项讨论和解决问题。

（3）拒绝节外生枝的讨论，对不清楚的问题要敢于说不了解情况。

（4）当对方使用大量材料和数据来扰乱视线时，要有勇气提出暂停谈判，以对各种材料和数据进行仔细研究，以免造成无法弥补的损失。

五、疲劳战术

1. 定义

谈判者在谈判过程中不但要精力集中，而且还要体力充沛，如果过于疲劳就会使人反应迟钝，行动能力减弱，甚至出现错误。

疲劳战术策略就是通过拖延时间、反复讨论某一问题或不间断地提出新问题，想方设法使对方疲劳，以至于让对方产生厌倦和急躁心理，从而达到预定目的。

2. 运用技巧

（1）进行长时间的无效谈判，拖延谈判和达成协议的时间。

（2）在谈判中使问题复杂化，并不断地提出新问题。

（3）在谈判中制造矛盾，采取强硬立场，或将已经谈好的问题推翻重来，反复讨论。

（4）热情、主动地利用一切机会与对方攀谈，甚至在休息时间拜访对方，使对方缺少必要的休息等。

案例点评

欧洲某企业谈判人员前往中东与当地某公司进行谈判。欧洲企业谈判人员白天到达后，中东公司即安排陪同人员带领他们观光，晚上则招待他们观赏歌舞表演。到了深夜，白天不见踪影的中东公司谈判代表出现了，神采奕奕地和欧洲企业的谈判代表展开谈判。欧洲企业的谈判代表经过一天的奔波，早已疲惫不堪，很快就在谈判中做出让步，结束了谈判。

点评：在涉外商务谈判中，疲劳战术策略的使用相当普遍，上述案例即运用了典型的疲劳战术策略。

3. **破解对策**

破解疲劳战术策略，一般可采取以下措施：

（1）当己方远道而来，对方已进行款待之后，己方应提出休息的请求，或建议延迟谈判时间，以便恢复体力。

（2）倾听不仅有利于保持精力，还有利于获得信息，因此在谈判中应注意多听少说。

（3）在谈判过程中，当感到精疲力竭时，可提出暂时休息的建议。在休息时厘清思路，归纳刚才讨论的问题，检查己方的谈判情况和成效以及谈判对手的情况，并对下一步谈判提出新的设想。要充分利用休息时间，带着考虑好的问题，精神饱满地回到谈判中。

第三节　商务谈判策略——进攻性策略

进攻性策略的目标是使已经发生的矛盾或问题能得到进一步比较合理的解决。在商务谈判中，占有主动权的一方，为了争取尽可能多的利益，往往采取进攻性策略。进攻性策略具体包括针锋相对策略、以退为进策略、最后通牒策略、以柔克刚策略等。

一、针锋相对策略

1. 定义

针锋相对策略就是针对谈判对手的论点和论据，逐一予以驳回，进而坚持己方立场毫不退让的一种策略。

2. 运用技巧

运用针锋相对策略时，应该围绕对方谈到的内容，有针对性地予以驳斥。例如，对方说："我的人工费高，所以产品售价高。"己方应驳道："你的人工费肯定没有像你说的那么高。"这就是针锋相对。

针锋相对策略对于对手的交易条件、观点和要求，均以不可商量的态度、毫不妥协的条件予以否定，并给对手制造巨大的精神压力和障碍。

案例点评

我国某厂与美国某公司谈判设备购买事宜，美方报价 218 万美元，我方不同意，美方降至 128 万美元，我方仍不同意。美方声称这已是市场最低价。我方则亮出在国外获取的交易情报——美方在两年前以 98 万美元将同样设备卖给了匈牙利客户。情报出示后，美方以物价上涨等理由争辩，我方则出示近两年物价上涨数据予以反驳，几轮针锋相对的讨论后，最终对方将价格降至我方同意的合理价位，双方谈判成功。

点评：在这个案例中，面对美方的要求，我方谈判代表针锋相对，坚持不让步，最终达成自己的理想价格。

3. 注意事项

运用针锋相对策略时应注意：驳斥对方时，要对准话题，不能跑偏，否则就达不到效果。此外，驳斥的重点在于有理，而不在声色俱厉。

二、以退为进策略

1. 定义

“以退为进”原是军事上的用语，是指暂时退让，伺机而进，争取成功。谈判犹如打仗，也要相互交锋，激烈斗争。

商务谈判中的以退为进策略是指以退让的姿态作为进取阶梯的一种策略，即先让一步，顺从对方，然后争取主动，反守为攻。在这种策略中，退是一种表面现象，由于在形式上采取了退让，使对方能从己方的退让中得到心理满足，从而让对方在思想上放松戒备，而且作为回报，对方也会满足己方的某些要求，而这些要求正是己方的真正目的。

2. 注意事项

在运用以退为进策略时，应注意以下问题：

（1）替己方留下讨价还价的余地，以便在报价时能满足对方的要求。

（2）不要太快退让，因为轻而易举地获得己方的退让，不仅不会使对方在心理上得到满足，反而会让对方怀疑己方退让的真实性。

（3）不要做无谓的退让，应以己方的每次退让来换取对方的让步。

（4）运用以退为进策略时要认真考虑后果，既要考虑退一步后对自己是否有利，又要考虑对方会如何反应。如果没有十足把握，不要轻易使用这一策略。

案例点评

某小品牌供应商与一家大型知名超市进行业务洽谈，超市在实力上占有优势，因此提出的条件十分苛刻，要求货款账期为60天，并让供应商提供一套现场制作的设备。供应商刚好有一套设备闲置在库房里，便找准时机，在几轮讨论后表现得勉为其难地答应提供一套设备给超市，但希望超市给予一个正常的货款账期。最终，超市在货款账期上做出了让步，供应商与超市签订了一个平等的合同，而超市也因有了现场制作的设备吸引了更多的客流。

点评：该案例中，供应商选择在适当的时机运用以退为进策略，先做出让步同意提供设备给超市，以此迫使超市在货款账期上做出让步，最终得到双赢的结果。

三、最后通牒策略

1. 定义

最后通牒策略是指当谈判双方因某些问题纠缠不休时，其中处于有利地位的一方向对方提出最后交易条件，要么对方接受本方交易条件，要么本方退出谈判，以此迫使对方让步的谈判策略。在商务谈判中，人们总是想象自己可能得到更大的利益，因而对眼前的选择犹豫不决，这时采用最后通牒策略极为有效。

2. 适用情况

一般来说，只有在以下四种情况下，才使用最后通牒策略：

（1）当谈判者处于绝对有利地位时。

（2）当谈判者已尝试过其他的方法，但都未取得效果时。

（3）当己方将条件降到最低限度时。

（4）当对方经过旷日持久的谈判，已无法再担负由于失去这笔交易所造成的损失而非达成协议不可时。

3. 运用技巧

运用最后通牒策略，应注意以下几个方面：

（1）给对方最后通牒的方式和时间要恰当。一般是在给出最后通牒前，想方设法让对方先做些“投资”。例如，先在其他次要问题上达成协议，在时间、精力等方面让对方有所消耗，等到对方的“投资”达到一定程度时，即可给出最后通牒，使得对方难以抽身。

（2）给对方最后通牒的言辞要委婉，既要达到目的，又不至于锋芒外露。例如，“贵方的道理完全正确，只可惜我们只能出这个价钱，能否再通融一下。”这种留有余地的最后通牒，替对方留下退路，易于被对方所接受。

（3）拿出一些令人信服的证据，让事实说话。

（4）给对方的最后通牒内容应有弹性，应该设法让对方在己方的最后通牒中能够做出选择。

（5）给对方最后通牒时，要给对方留有考虑或请示的时间。在商务谈判中，让对方放弃原来的条件与立场，是需要时间的。因此，谈判者给出最后通牒后，还要给对方留有考虑的时间，这样，可减轻对方敌意，避免弄巧成拙。

案例点评

美国一家大型航空公司要在波士顿建立航空站，以便更好地提供相关配套服务设施，希望美国某公司能以优惠的价格供应电力，但电力公司却推脱说“美国公共事业委员会不予批准”，谈判被迫搁浅。

随后，航空公司提出终止谈判，宣称准备自己建电厂，不再依靠电力公司的“优惠电力”。

电力公司听到这一消息后立刻改变原有态度，主动请求公共事业委员会从中说情，表示愿意给予航空公司优惠价格。不久，该电力公司与这家航空公司达成了合作协议。

点评：当航空公司要求电力公司低价供应电力而遭拒绝后，便向电力公司发出了“最后通牒”。电力公司听到这一消息后，反而开始焦虑，认为获得薄利比没有得利好，于是改变谈判态度，接受航空公司提出的“低价优惠供应电力”的条件。

四、以柔克刚策略

1. 定义

以柔克刚策略通常也称为以软化硬策略和滴水穿石策略，是指面对对手咄咄逼人的语言、苛刻的条件时，采用平和、柔缓的语言和态度应对，使对方犹如“重拳击海绵”，而己方则可以以静制动，待对方烦躁、疲惫之时出击，最终取得谈判的胜利。

2. 运用技巧

在谈判中对方往往会在心理上筑起坚固的防御。因此，有时候可以佯装说出自己的缺点，让对方产生优越感。但要注意是“佯装”，而并非真正把自己的缺点说出来。否则，就成了示弱，对方会抓住这一弱点进行有力的攻击。佯装说出自己的缺点，不仅可以在一定程度上操纵对方的情感，而且可以掩饰自己的不足之处。

3. 注意事项

在运用以柔克刚策略时，要具备一定忍耐性，要容许对方指责和发泄情绪，同时还要有礼貌，懂得幽默，以获得对方好感。必要时可唤起对方的同情心，或者与对方闲聊共同话题以拉进个人感情，尽量使对方不放弃谈判，同时还要让对方意识到己方实在没有其他选择余地，另外也伺机寻找对方的薄弱环节和谈判人员的个性弱点，以便最大限度地运用该策略。

案例点评

一对年轻的夫妇带着孩子在玩具专柜挑选，他们看上了一款玩具，希望销售人员给予折扣。销售人员告知这款玩具没有折扣，双方几番洽谈，没有达成一致意见，于是，年轻夫妇带着怨气抱着孩子准备离开。这时，小孩突然哭闹起来：“我要玩具！我要玩具！”年轻夫妇又劝又哄，却无济于事。

销售人员看到，立即挑出了几件高级电动玩具，打开玩具让孩子玩，并亲切地问道：“你想要哪件玩具呀？阿姨给你拿。”

孩子立即停止了哭闹，语气干脆地说："机器狗！"这时销售人员看了一眼年轻夫妇，见他们交换了一下眼神，最终购买了机器狗玩具。

点评：这名销售人员正是使用了以柔克刚策略，找到了孩子这一对方的薄弱环节，进而通过诱导孩子的需求，从感情上打动对方，实现成功交易。

第四节　商务谈判策略——综合性策略

综合性策略的目标既着眼于预防矛盾的产生和激化，又着眼于处理好已经产生的矛盾和问题。综合性策略的具体方式有软硬兼施策略、权力有限策略和货比三家策略等。

一、软硬兼施策略

1. 定义

软硬兼施策略是指在商务谈判过程中对于原则性问题毫不退却、对于细节问题适当让步的一种策略。谈判时，面对咄咄逼人的对手，可以在坚持原则的前提下做一些顺水推舟的工作，等到对方锐气减退时，己方再发动反攻，力争反败为胜。

2. 运用技巧

软硬兼施策略又叫作“红白脸”策略，它的具体做法有两种：以两个人分别扮演“红脸”和“白脸”角色，或一个人同时扮演“红脸”和“白脸”角色。

在谈判初始阶段，先由“白脸”角色出场，表现出立场坚定、毫不妥协的态度。当谈判进入僵持状态时，“红脸”角色出场，表现出体谅对方的难处，以合情合理的态度，照顾对方的某些要求，放弃己方某些条件，做出一定的让步。实际上，做出这些让步之后，所剩下的条件和要求，才是原本要争取达到的目标。

需要指出的是，在有些情况下，不一定是按照先“白脸”角色后“红脸”角色的顺序出场，而可以两个角色一起出场，且不管对方谈判人员如何表现，都坚持自己的谈判风格，在重要问题上绝不轻易让步。

案例点评

美国富商霍华德·休斯为了大量采购飞机，亲自与某飞机制造厂的代表谈判。霍华德·休斯性情古怪、脾气暴躁，他提出了34项要求，且对于其中的11项要求是非得到不可的。

谈判双方各不相让，谈判陷入僵局。

后来，霍华德·休斯派出他的私人代表出面谈判，并叮嘱他说："只要能争取到那11项非得到不可的要求我就满足了。"

没有想到，私人代表满载而归，竟然得到了34项要求中的30项，其中包括那11项非得到不可的要求。霍华德·休斯很满意，问私人代表是如何取得这样大收获的。

私人代表说："那很简单，每当谈不拢时，我都问对方'你到底希望与我解决这个问题，还是留待霍华德·休斯跟你解决'，结果，对方无不接受我的要求。"

点评：在这个案例中，霍华德·休斯前期谈判的表现无意中扮演了一个"白脸"角色，于是，他的私人代表顺利在后期的谈判中扮演了"红脸"角色，成功运用软硬兼施策略，促使谈判成功。

3. 注意事项

使用软硬兼施策略时应注意：

（1）扮"白脸"角色的人，既要"凶"，又要出言在理，保持良好的形象。

（2）扮"红脸"角色的人，应是主谈人，要善于把握火候，让"白脸"角色好下台，并适时请对方表态。

（3）若是一个人同时扮演两个角色，则要机动灵活。

（4）扮演"红脸"角色和"白脸"角色的人要符合本人性格特征，"白脸"人要具有攻击性和威慑力，"红脸"人则要处事圆滑，十分理智。

4. 破解对策

当对方使用软硬兼施策略时，己方可以采取的对策有：

（1）认识到对方无论是"红脸"还是"白脸"，都属于同一阵线，其目的是从己方处获得利益，因而应同等对待。

（2）放慢谈判及让步速度，在“白脸”角色面前也要寸步不让。

（3）当对方“红脸”角色上场时，应要求其立即做出让步，并根据对方的让步情况决定己方的对策。

二、权力有限策略

1. 定义

权力有限策略是指谈判者为了达到降低对方条件、迫使对方让步或修改承诺条文的目的，采取转移矛盾，假借其上司或委托人等第三者之名，故意将谈判工作搁浅，让对方心中无数地等待，再趁机反攻的一种策略。

2. 运用技巧

美国谈判专家赫本·柯思把权力定义为“达成事物的涵容力或能力”，显然，谈判者拥有的权力支配着其行为，权力的大小直接决定了谈判者可能的决策范围与限度。权力有限策略运用的正是这一原理。

权力有限策略的做法往往是隐蔽手中的权力，推出一个“假设的决策人”，以避免正面或立即回答对方的问题。例如，“您的问题我很理解，但需向有关部门的领导汇报”“我本人无权回答贵方提出的问题，需向我的上级请示才能答复”“我本人的谈判任务到此结束了，贵方现在提出的所有建议，我都乐意忠实地转达”等。

应注意的是，权力有限策略只能在少数关键时刻使用，如使用太多，对方会认为己方没有合作的诚意或没有谈判的资格而拒绝进一步磋商。

案例点评

尼伦·伯格在《谈判的艺术》一书中提到这么一件事：

他的一位委托人安排了一次会谈，对方及其律师都到场了，尼伦·伯格作为代理人也到场了，可是委托人自己却失约了。

等了好一会儿也没见他的人影，这三位到场的人就先开始谈判了。

随着谈判的进行，尼伦·伯格发现自己正顺顺当当地迫使对方作出一个又一个的让步或承诺，每当对方要求他作出相应的承诺时，他都以委托人未到、他的权力有限为由，委婉地拒绝了。

点评：尼伦·伯格之所以能以一个代理人的身份，为他的委托人争取到对方的许多让步，而他却不用向对方作出相应的让步，正是因为运用了权力有限策略。

3. 作用

成功地运用权力有限策略，对谈判者取得谈判胜利有以下作用：

（1）权力有限策略可以起到有效地保护自己的作用

谈判者的权力受到限制，也就是给谈判者规定了一个由有限权力制约的最低限度目标。例如，买方“成交价格超过每件 100 元，须请示上级”，这种权力限制实际上是给对方的谈判者规定了一个最低限度目标——成交价格最多不能超过每件 100 元。所以，这种由有限权力制约的最低限度目标，可以对己方谈判者起到保护作用。

（2）权力有限策略可以使谈判者立场更加坚定

权力有限策略为己方规定了最低限度目标，己方始终围绕目标进行谈判，立场更加坚定。

（3）权力有限策略可以作为对抗对方的盾牌

权力有限作为一种策略，有些是真正的权力有限，有些则不完全属实。有时谈判者本来有作出让步的权力，反而宣称没有被授予做出这种让步的权力，这实际上是一种对抗对方的盾牌。

小贴士

在商务谈判中，对谈判者的权力究竟应限制到何种程度或究竟应限制其哪些权力呢？根据调查分析和论证，下述各项限制均有利于谈判者在谈判中争取更好的目标。

一、对买方谈判者的权力限制项目

1. 购买的数量及品质规格的限制。

2. 最高购买价格的限制。

3. 预付订金的限制。

4. 支付方式的限制。

5. 交货地点及时间的限制。

6. 价格术语方面的限制。

7. 包装方面的限制。

8. 利息方面的限制。

9. 售后服务方面的限制。

10. 根据国家法律、政策等做出的必要限制。

二、对卖方谈判者的权力限制项目

1. 对所推销商品的品质规格的限制。

2. 最低价格的限制。

3. 最低预付金或保证金的限制。

4. 交货地点、时间及运输方式的限制。

5. 支付方式的限制。

6. 赊账数额及其期限的限制。

7. 商品数量与折扣比例的限制。

8. 有关售后服务方面的限制。

9. 有关包装及装运方面的限制。

10. 根据国家法律、政策等做出的必要限制。

三、货比三家策略

1. 定义

货比三家策略是指在谈判某笔交易时，同时与几个谈判对象进行谈判，以选出其中最优者的做法。

2. 实施步骤

货比三家策略虽然经典，但其做法较为复杂。具体地说，该策略的实施包括以下步骤：

（1）备货

备货是指邀请多个谈判对象参与谈判。只有多个谈判对象参与，才能有不同的条件出现，否则货比三家策略就没有了基础。

（2）比货

比货是指将可比的多个谈判对象的交易条件进行比较、整理，将其分成完全可比、相对可比和不可比三类，并根据条件分类，初步对各谈判对象的交易条件做出评价，分出优劣。这些分类和评价是货比三家策略的支持条件——谈判时用的理由。通常，谈判者做完了比货后，会随之拟订谈判方案。该方案要解决与多个谈判对象谈判的顺序、策略运用的不同理由、占用谈判时间的长短、欲达到的目标等问题。

（3）组织

谈判组织就是实施谈判方案。

（4）选择

选择是指在谈判的最后阶段，挑选一个谈判对象为成交对象。选择有自然选择和人工选择两种情况。

自然选择是指多个谈判对象竞争后，仅有一个谈判对象适合己方的成交条件，那么自然应选择与此谈判对象成交。人工选择是指经过较量之后，有两个以上的谈判对象符合己方要求，此种情况下需进行科学评判，可运用综合成本评判法，即将近期、远期、明投和暗投的资产与实现的交易目标进行对比，选出优者。

3. 注意事项

运用货比三家策略，应注意以下几个问题：

（1）所选对象要势均力敌。若比较对象力量不均，就应制造可比之处，使各谈判对象均有信心去争取交易。

（2）时间安排要便于分组穿插谈判，且可及时将各组谈判结果汇总。

（3）对比的内容要科学。由于货比三家策略的工作量大，评比工作复杂，因此，应有快捷统一的评比方法，以减少重复、不准确的工作，避免谈判者个人感情的影响。

（4）平等对待参加竞争的各谈判对象，但在谈判的组织上应有突破重点。平等对待各参与竞争的谈判对象是谈判信誉的需要，重点突破则是谈判全局的需要，两者缺一不可，相辅相成。

（5）对于评选出的结果应慎守承诺。

第五节　商务谈判技巧

一、倾听与观察技巧

1. 倾听技巧

倾听，即用心地听取，要听得见、听得清、听得懂，对听到的内容进行理解、辨别和提炼。在商务谈判中认真倾听对方说话，是谈判人员的基本素养。只有准确把握对方的观点和真实的意图，才能有效制定己方的策略。

倾听分为听而不闻、敷衍了事地听、选择地听、专注地听、有同理心地听 5 个层次。消除倾听障碍是有效倾听的基础，倾听障碍可能来自视角差异、期望差异、情感差异、背景差异等。要避免因观点不同、先入为主、急于表达、心不在焉、转移话题等因素导致的主观障碍，以及因时间不足、环境干扰等因素导致的客观障碍。

在商务谈判中，谈判者在认真倾听的基础上，还要注意思维先于谈话者，不时对谈话内容进行小结，预测谈话者表达的意向及最终结论，努力寻找谈话者语言与非语言信息中的隐含信息，具体可参考罗宾斯八种有效倾听技巧（见图 4—1）。

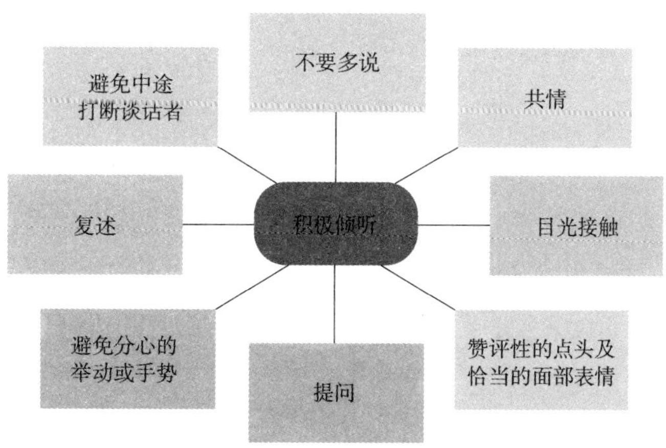

图 4—1　罗宾斯八种有效倾听技巧

2. 观察技巧

观察，是有目的、有计划、有方向、比较持久的知觉，是以视觉为主，融合其他感觉为一体的综合感知。在商务谈判中，谈判人员应观察对方的一言一行，从细微处获得重要信息。

有研究显示，在评判一个人时，根据语言得到的信息（谈话内容、言词的意义）占 7%，从听觉得到的信息（声音大小、语调等）占 38%，透过视觉得到的信息（外在、表情、动作、态度等）占 55%。可以看出，肢体语言常常与语言相随，共同表情达意。因此，在商务谈判中，谈判者应掌握观察技巧，以获取更多的重要信息。

（1）观察面部表情

体语学的创立者伯德惠斯特尔认为，人类的脸部可以做出 250 000 多种不同的表情。面部表情往往隐藏着一个人真实的想法，但面部表情也可以人为控制。具体来说，人主要表现出 7 种表情，人们高兴时，嘴角翘起，面颊上抬，眼睑收缩；伤心时，眉毛收紧，嘴角下拉，下巴抬起或收紧；害怕时，嘴巴和眼睛张开，眉毛上扬，鼻孔张大；愤怒时，眉毛下垂，前额紧皱，眼睑和嘴唇紧张；厌恶时，嗤鼻，眯眼，上嘴唇上抬，眉毛下垂；惊讶时，下颚下垂，嘴唇和嘴角放松，眼睛张大，眼睑和眉毛微抬；轻蔑时，抬起嘴角一侧等。此外，瞳孔的放大和缩小也表示着人的心理活动，如果瞳孔放大，传递的是喜爱、快乐、兴奋等正面信息，如果瞳孔缩小，传递的则是消极、戒备甚至愤怒的信息。

（2）观察动作

商务谈判中有 60%～80% 的决定是在身体语言的影响下做出的。谈判者应多注意自身的习惯性动作，并了解谈判对手的文化、风俗习惯及常见动作的含义。

一般来说，头颈部动作是传达对谈论问题是否感兴趣的标志性动作，如果头颈部跟随谈论问题的变化而有所动作，则意味着对方对问题有兴趣。手部动作在商务谈判中使用频率最高，有时会借助外在道具及身体的其他部位配合完成动作，如突然将双手放在谈判桌面以下伴随身体向后靠的动作代表触及其底线，双手手指交叉的动作表示其不耐烦等。

小贴士

肢体语言的秘密

1. 合作的信号

靠近你。

并排坐，双手放开。

坐在椅子的边缘。

微微抬头，身体倾向你。

2. 思索的信号

用手蹭鼻子。

用手支着头，头向上仰。

摘下眼镜擦拭。

抚摸下巴或双手托着下巴，目光向上看。

3. 消极的信号

远离你，抚摸颈部。

快速点头、有限的目光接触。

身体背对你堵着耳朵或摩擦耳朵。

握紧拳头。

脚底打节拍，捂着鼻子。

来回踱步，急促呼吸。

4. 厌烦的信号

心不在焉，轻扣手指。

跷二郎腿，双手抱头。

眼神空洞，深呼吸。

脚在地板上拍打，把弄手中的物品。

5. 受挫的信号

呼吸急促，嘴里念念有词。

双手紧握，双手绞动。

用手梳理头发，摸自己的颈部。

二、提问与回答技巧

1. 提问技巧

恰到好处、目的明确的提问，有助于谈判者启发思维，激发兴奋点，控制交谈的方向，把握对方的思想脉络，弄清事实，从而获取新的信息。

（1）适当的提问方式

谈判中的提问方式有很多种，如封闭式提问、婉转式提问、探索式提问、协商式提问、强迫选择式提问等。提问的方式要委婉，语气要平和，内容和角度要根据提问对象的情况慎重选择，应事先列好提问提纲，切忌咄咄逼人，使对方难堪。

（2）适当的提问时机

谈判者可在以下几种时机提问：一是在对方发言完毕之后提问，可针对发现的问题或需要进一步了解的内容进行提问；二是在对方发言停顿、间歇时提问，可引入话题主线等；三是在自己发言前后提问，用以表达立场与诉求；四是在议程规定的辩论时间提问，可针对分歧和要点进行提问。

（3）适当的提问语言

谈判时的提问语言要注意客观性、逻辑性、针对性和规范性，要符合职业道德，用语清晰标准，用词准确严谨。

2. 回答技巧

通常来说，谈判者的问题都是精心设计后提出的，因此回答问题时须运用一定的技巧。一是换位思考，思而后答。弄清提问者的根本意图，按照提问者的心理假设回答。当问题很难回答时，可通过动作延缓时间，也可告知提问者自己需要充分的时间认真思考。例如，“您所提的问题，我暂时没有第一手资料作为依据，我认为，您希望我详尽认真地答复，但这需要时间，您说对吗？”二是点到为止，转移话题。将提问者的问题缩小范围，或不作深层次的答复。例如，买方问卖方：“该产品的价格是多少？”卖方回答：“先生，我相信您会对价格满意的，请允许我先介绍这款产品的独特性能，好吗？”三是笑而不答，避实就虚。对与谈判主题无关或关系不大的问题，或是影响自己情绪的问题，可以一笑了之。谈判过程中，可以使用幽默含蓄的语言，避开锋芒，传递感情，推进谈判的顺利进行。

课堂思考

下面的提问方式属于哪种类型？

1. 我们能否到您的生产基地进行实地考察？
2. 您对新能源汽车的发展趋势有何看法？
3. 您希望我们在三年内提供免费上门服务，是吗？
4. 我们已做出最大限度的让步，这个条件贵方可以接受，对吗？
5. 您是选择方案一，还是选择方案二？
6. 签订合同后，甲方五个工作日内完成第一笔款项的支付，您看是否合适？

三、表达与说服技巧

1. 表达技巧

在商务谈判中运用语言表达时，要遵循四条原则。一是客观性原则。运用语言技巧表达思想、传递信息时，必须以客观事实为依据，并且运用恰当的语言，向对方提供令人信服的依据。二是针对性原则。根据谈判的不同对手、不同目的、不同阶段使用不同的谈判语言。三是逻辑性原则。商务谈判语言要求概念明确、符合逻辑、证据确凿、说服有力。四是说服性原则。谈判人员在谈判沟通过程中无论语言表现形式如何，都应该具有令人信服的力量和力度。

口头表达要做好以下两个方面：一是运用重音，可通过加大音量、拖长音节、一字一顿等方法，突出表达的重点内容；二是运用停顿，可通过停顿时间长短等，突出情感需要和强调的重点。

2. 说服技巧

当谈判者试图说服谈判对手时，会遇到种种有形或无形的障碍。谈判者应主动化解障碍，如直接指出对方的错误，用提问的方式引导对方说服自己或重复其异议以削弱异议等。说服不同于压服，也不同于欺骗，成功的说服结果必须体现双方的真实意见，做到有理、有利、有节。化解障碍的方法很多：第一，取得信任，先易后难，步步为营；第二，直言其利，婉言其弊，强调互利；第三，抓住时机，实例举证，简化手续；第四，耐心说理，变换角度，多言事实；第五，投其所好，取我急需，做出结论。说服要有良好的动机、真诚的态度、友善的开端、灵活的方式，可以借助逻辑和情感的力量达到更理想的说服效果。

课堂思考

第二次世界大战期间，美国科学家爱因斯坦写信试图说服罗斯福总统重视原子弹的研制，以遏制德国的全球扩张战略，但一直未果。他便委托总统的私人顾问、经济学家萨克斯出面说服总统。但是，不论是爱因斯坦的信，还是萨克斯的陈述，总统一概不感兴趣。为了表示歉意，总统邀请萨克斯次日共进早餐。

第二天一见面，罗斯福就以攻为守地说：“今天不许再谈爱因斯坦的信，一句也不谈，明白吗？”萨克斯说：“英法战争期间，在欧洲大陆不可一世的拿破仑在海上屡战屡败。这时，年轻的美国发明家富尔顿来到了这位法国皇帝面前，建议把法国战船的桅杆砍掉，撤去风帆，装上蒸汽机，把木板换成钢板。拿破仑却想：船没有帆就不能航行，木板换成钢板就会沉没。于是，他二话没说，就把富尔顿轰了出去。历史学家们在评论这段历史时认为，如果拿破仑采纳了富尔顿的建议，19 世纪的欧洲历史就得重写。”萨克斯说完，目光深沉地望着总统。

罗斯福总统默默沉思了几分钟，然后取出一瓶白兰地，斟满了一杯，递给萨克斯，轻缓地说：“你胜利了。”

阅读案例，思考以下问题：

萨克斯运用了怎样的技巧说服罗斯福总统做出重要决策的？

思考与练习

一、简答

1. 简述商务谈判策略的作用。

2. 商务谈判策略有哪些特点？

3. 制定商务谈判策略的程序是什么?

4. 商务谈判策略运用的基本原则是什么?

5. 简述商务谈判提问与回答的技巧。

二、案例分析

美国一家公司的商务代表迈克到法国进行一场贸易谈判，受到法方的热烈欢迎。法方开着轿车到机场迎接迈克，把他安排在一家豪华宾馆，这让迈克有一种宾至如归的感觉。安排好之后，法方似乎无意地问:“您是不是要准时搭飞机回国去呢? 到时我们仍然安排这辆轿车送您去机场。”迈克点了点头，并告诉了对方自己回程的日期，以便对方尽早安排。这让法方掌握了迈克谈判的最后期限，即只有10天的时间。接下来，法方先安排迈克游览法国的风景区，丝毫不提谈判的事。直到第7天才安排谈判，但也只是泛泛地谈了一些无关紧要的问题。第8天重新谈判，又是草草收场。第9天仍没有实质性进展。第10天，双方正谈到关键问题上，来接迈克去机场的轿车到了，法方建议剩下的问题在车上谈。迈克此时进退维谷，如果不尽快作出决定，那就要白跑这一趟，如果不讨价还价，似乎又不甘心。在权衡利弊后，为了不至于一无所获，迈克只好答应了法方一切条件。

阅读上述案例，思考并回答以下问题:

1. 法方获悉迈克的返程日期时，运用了什么谈判策略?

2. 法方是如何迫使迈克接受一切谈判条件的?

3. 如果你是迈克，遇到这种情况你会怎么办?

三、情境模拟

张彬从技工院校毕业后，对创业十分感兴趣，于是利用自己在学校学到的技术开始了创业之路。张彬在家人和朋友的帮助下开了一家商贸有限公司，代理销售各种品牌计算机及组装配件。在日常工作中，张彬几乎每天都在与大大小小的各类客户打交道，与他们就产品的交易条件展开谈判。因此，如何筹划安排谈判活动、如何达成协议，就成了他每天必须面对的问题。

由4~6人组成小组，每小组任意选择某一客户群体，为张彬设计出针对这个客户群体进行销售谈判时适用的谈判策略。

第五章 商务谈判的法律规定

在商务谈判过程中，相关的法律法规不仅对商务谈判策略的发挥提供帮助，而且可以为商务谈判的结果提供法律保护，防范法律风险，从而有利于商务谈判中所达成协议的顺利履行，并维护企业的合法权益。可以说，法律法规是商务谈判的保驾护航者。

学习目标

1. 掌握合同正文和附件中的谈判内容
2. 了解国际商务谈判中的法律原则
3. 了解国内商务谈判中应遵循的基本原则
4. 掌握签订国内经济合同的程序和形式

大刘和小张是不同公司的两名业务员，两人也是有着十几年交情的好兄弟。一天小张请大刘吃饭，酒足饭饱之后，小张跟大刘说自己公司想跟大刘所在的公司谈一笔生意，希望大刘看在十几年的交情上能促成交易。大刘当场表示没问题，小张非常开心。

但几天后，大刘所在的公司却宣布和第三家公司合作。小张非常恼火，认为大刘出尔反尔，毫无信用。大刘却表示小张的公司没有尽早送来正规的商务合同，所以无法合作。双方各执一词，最终闹得不欢而散。

请思考并回答以下问题：

1. 你认为大刘和小张谁理亏，为什么?

2. 就你所知，一份正式的商务合同至少要包括哪些内容?

第一节　合同文本的法律规定

一、合同正文

合同正文由合同条文或合同条款构成。每一笔交易都由相应的合同条款来反映，条款数量的多或少，绝非随意而为，而有其内在规则：该多的条款不能少，该少的条款不必多。

1. 合同正文的结构

合同条款可以分为基本条款和补充条款。

基本条款包括商品名称、品质规格、数量、价格条件、包装、交货条件和付款条件，补充条款包括保险、检验、索赔、不可抗力、仲裁条款等。

2. 合同正文的编制原则

（1）语意一致原则

语意一致原则是指双方使用的语言与所想表达的意愿应完全一致。不同国籍、不同文化背景的谈判者进行谈判时，这一点尤为重要。

（2）前后呼应原则

前后呼应原则是指合同正文各条款之间或构成合同的各文件之间应相互呼应、浑然一体。

（3）公正实用原则

公正实用原则是指合同条款规定的义务，对合同项下交易来说是客观的，对交易双方来说是平等的，其履约是可行的。公正实用原则表现为合法性和均衡性。

（4）随谈随写原则

随谈随写原则是指合同文本谈判中，必须坚持随着谈判议题的完成将结果写成文字并纳入条款之中的做法。

二、合同附件

合同附件是合同不可分割的组成部分，与合同正文具有同等的法律效力。在书写格式上，合同附件是合同正文的转文；在合同义务上，合同附件是合同正文描述义务的补充；在构建的复杂程度上，合同附件与合同正文成反比，合同正文越复杂，合同附件就越简单，反之，合同正文越简单，合同附件就越复杂。

1. 合同附件的构成

合同附件不是孤立、随意的，而是依附合同正文而存在的。合同附件源自正文，应正文需要而产生，这一特性决定了合同附件的种类，也决定了合同附件的构成。

（1）技术附件

技术附件是合同附件的主体，包括技术指标（有时称产品规格、经济技术指标）、技术资料（有时称资料清单）、供货清单、技术服务（有时分为技术指导和技术培训）、交付进度（有时称工程进度）、联合设计或联合制造部分设备、选用当地原材料、验收方法等技术性的合同附件。

（2）政策性附件

政策性附件多为政府出面具有外交色彩的文件，有时独立于合同之外，有时插入合同附件之中，不论其以何种形式存在，在合同正文中均已指定其为合同不可分割的一部分，故仍具有合同附件的效应。

（3）金融性附件

金融性附件多为银行出面谈判的合同项下的“信贷协议”，有双方认可的“保函格式”。

除以上三类附件外，有时还有文辞方面的附件，如术语解释、缩写表等。

需要注意的是，如果合同中存在附件，那么合同正文开宗明义的第一任务就是许诺附件的存在。这种许诺提出了一个谈判新目标，即建立合同附件。合同正文既已提出了目标，附件就处在合同责任的高度，否则，谈判任务就不能算完成。

2. 合同附件的编制原则

（1）运用行业习惯

谈判者无论多么优秀，都无法改变行业中已经形成的认识与做法，因此，对于合同附件的谈判，应主要运用行业习惯进行。

（2）与合同挂钩

虽然运用行业习惯的原则会使不少纠纷得以解决，但合同附件仍应与合同条文结合处理。

（3）同价格条件挂钩

由于技术附件文字所能同意的条件均可给出一定的价值，在谈判遇到分歧时，常可在合同价格谈判中再次审议，以价格筹码来调整附件文字条件。

小贴士

合同正文条款和附件条款的关联

合同正文条款	附件条款
标的条款	技术指标条款
技术资料条款	技术资料清单条款
标的条款	供货清单条款

续表

合同正文条款	附件条款
技术服务条款	技术服务附件
进度条款	交付进度附件
设计联络条款	联合设计附件
设计联络条款或联合制造条款	联合制造附件
国产化条款	选用当地原材料清单
验收条款	验收方法附件

课堂思考

假设本学校准备向某企业购买100台空调，供学生宿舍安装使用。请你列出合同正文应包括的条款内容，同时思考并补充该合同的附件。

第二节　国际商务谈判的法律规定

由于国际商务谈判的结果会导致资产的跨国转移，必然要涉及国际贸易、国际结算、国际保险、国际运输等一系列问题，因此，在国际商务谈判中要以国际商法为准则，并以国际惯例为基础。谈判人员要熟悉国际法及各种国际惯例，熟悉对方所在国的法律条款以及国际经济组织的各种规定。

一、国际商务谈判中的法律原则

1. 处理国际关系的一般准则

（1）会员国主权平等原则。

（2）和平解决国际争端原则。

（3）不干涉别国内政原则。

（4）真诚履行宪章义务原则。

（5）和平共处原则。

2. 涉外商务谈判的法律原则

在国际商务谈判中，国家不分大小贫富，企业不论实力强弱，个人不管权势高低，在经济贸易谈判中地位一律平等。因此，谈判各方需尊重对方的主权和愿望，根据彼此的需要，在自愿的基础上进行谈判。对于有分歧的问题，应通过友好协商加以妥善解决，而不可强人所难。切忌使用要挟、欺骗的手段来达到自己的交易目的，也不能接受对方带有强迫性的意见和无理的要求。

各国在国际商务谈判中的权利与义务是平等的，既应平等地享受权利，也要平等地承担义务。谈判的每一方，都是自己利益的维护者，都有权从谈判中得到自己所需要的，都有权要求达成等价有偿、互相受益、各有所得的公平交易。当然，谈判中各方的讨价还价是不可避免的，因此谈判中出现的争议应当以国际惯例为参考标准协商解决。为弥合双方在各种问题中产生的分歧，顺利解决谈判中的争执，需要以公平的标准来对不同意见进行判定，而公平的标准应当是谈判各方共同认定的标准。

二、涉外经济合同有效成立的条件

1. 当事人必须具备订立经济合同的行为能力

订立涉外经济合同的双方当事人如为自然人，应当是成年人，而且不是被法院剥夺或限制行为能力的人。按我国的现行法律规定，只有经过批准享有进出口经营权的法人才有权订立涉外经济贸易合同。

2. 涉外经济合同的内容和目的必须合法

许多国家对于涉外经济合同的内容和目的都有限制性规定。例如，大陆法系国家的民商法中一般都规定，凡属违法、违反公共秩序和善良风俗的合同无效。我国《合同法》规定，违反法律、行政法规的合同无效。

3. 涉外经济合同订立的程序、形式和手续必须符合法律规定

各国法律一般都规定，订立涉外经济合同应当是由双方当事人在自愿基础上，经过意思表示协商一致，才能有效成立。具体协商过程通常分为要约和承诺两个环节。关于经济合同的形式，各国法律要求不同，我国《合同法》强调，涉外合同的当事人可以选择处理合同争议所适用的法律，但法律另有规定的除外。涉外合同的当事人没有选择的，适用与合同最密切联系的国家的法律。

4. 涉外经济合同双方当事人应当是等价有偿的

涉外经济合同双方当事人之间，既享有一定的权利，也承担一定的义务。

三、合同、法律和国际贸易惯例三者之间的关系

1. 凡在依法成立的合同中明确规定的事项，应当按照合同规定处理。

2. 如果合同中没有明确规定的事项，应当按照有关法律或国际条约规定处理。

3. 如果合同和法律中都没有明确规定的事项，则应当按照有关的国际惯例规定来处理。

课堂思考

小李是一名刚毕业的技工学校学生，机缘巧合下进入了一家小型外资企业工作。虽然工资不算高，但刚出来工作就能和外国人打交道，小李还是感觉比较满意。

国庆节前夕，外国老板要求小李在10月1日至10月3日加班工作，并承诺按照他们国家的法律规定每天按2.5倍工资支付报酬。小李觉得条件不错，便答应加班，而老板事后也的确支付了事前说好的酬劳。

但当小李听说按照我国的法律规定，10月1日至10月3日加班，加班费应当按照3倍工资结算时，心里就不舒服了。虽然金额相差不多，但还是觉得自己的权益被侵犯了。

阅读案例，思考并回答以下问题：

1. 在中国开办的外资企业，应该遵循中国法律还是企业所属国家的法律？为什么？

2. 除了小李遇到的情况外，你还见过或听说过哪些因为不同国家、不同法律而引起的商业矛盾？

第三节　国内商务谈判的法律规定

一、国内商务谈判中应遵循的基本原则

1. 参与谈判的各方当事人要具有合法资格。

2. 谈判合同的签订必须合法。

3. 谈判合同的签订必须贯彻平等互利、协商一致、等价有偿的原则。

4. 商务谈判的全过程必须贯彻《中华人民共和国反不正当竞争法》的相关规定。

二、签订国内经济合同的要求和形式

按照《合同法》的规定，双方当事人在商订经济合同过程中，应当符合下列三点要求：

1. 双方当事人应当是在平等的地位上进行协商，任何一方不得把自己的意志强加给对方。

2. 只有双方当事人达成一致意见时，合同方能订立。

3. 双方当事人以外的其他任何单位和个人都不得对经济合同的商订工作进行非法干预。

《合同法》规定，当事人订立经济合同，有书面形式、口头形式和其他形式。法律、行政法规规定采用书面形式的，应当采用书面形式。当事人约定采用书面形式的，应当采用书面形式。按照我国习惯做法，凡属法人签订经济合同时，除加盖法人公章之外，还须由法人的法定代表和合法代理人签名或盖章。在一些单行法规中还规定，某些经济合同还需要经过鉴证、公证或审批核准，以保证合同能更好地履行。凡属法律规定必须经过主管部门审核批准后才能生效的合同，如果不履行法定的审批手续，则不具有法律约束力。

三、无效经济合同的确认及处理

1. 无效经济合同的确认

（1）违反国家法律、政策法规的经济合同。

（2）采取欺诈、胁迫等手段签订的经济合同。

（3）以合法形式掩盖非法目的的经济合同。

（4）违反国家利益或社会公共利益的经济合同。

2. 无效经济合同的处理

（1）对财产的处理

对无效经济合同所引起的财产后果的处理，应区别情况，采取返还财产、赔偿损失、追缴财产等方法处理。

1）返还财产。返还财产是指经济合同被确认为无效以后，有过错的当事人一方应将从对方处取得的财产返还给对方，使当事人的财产关系恢复到合同签订以前的状态。如果有过错的一方依据无效经济合同取得的标的物还存在，则应将原物返还给对方；如果标的物已不存在或者已被第三人合法取得，而不能再返还时，有过错一方当事人可用赔偿损失的方法抵偿。有过错一方不得以任何借口拒绝交出应退还的财物。

2）赔偿损失。赔偿损失是指有过错的一方当事人造成经济合同无效，并给对方造成损失时所应承担的赔偿责任。如果无效合同是由一方造成的，由有过错的一方承担责任；如果无效合同是由双方过错造成的，则应按照责任的大小、主次、轻重各自承担相应的赔偿责任。

3）追缴财产。追缴财产是指对当事人故意损害国家利益或社会公共利益的行为所采取的惩罚手段。如果双方都是故意的，应追缴双方已经取得的或约定取得的财产，收归国库所有。如果只有一方是故意的，则故意的一方应将从对方处取得的财产返还对方；非故意一方已经从对方处取得或约定取得的财产，应予追缴，收归国库所有，以维护国家利益和社会公共利益不受侵害。

以上三种方法可以单独使用，也可以合并使用。

（2）对违法行为者的处理

对于涉及严重违法行为的无效经济合同，其违法行为者需要移送法律机关处理。

小贴士

为防止和避免签订无效经济合同，应注意以下几点。

1. 主体要合法

签订经济合同，不仅自身主体要合法，而且要注意审查对方的主体，看其是否属于《合同法》规定的主体范围，只有双方都具有合法的主体，才具有签约资格。

2. 内容要合法

经济合同从标的到各项条款都要符合法律法规的基本要求，只有内容合法，合同才会受到法律保护。

3. 程序要合法

签订经济合同应严格遵守《合同法》规定的各项基本原则，且各种证明材料应齐全完备。

4. 形式要合法

不能即时清结的，应签订书面经济合同；凡国家已有统一经济合同文本的，应使用统一经济合同文本。

5. 文字表述要准确

合同中文字表述不准确会导致某些条款无效，如对争议的解决方式或双方约定不明确、表述不清的合同，属无效合同。

思考与练习

一、简答

1. 合同正文的结构包括什么？
2. 简述合同附件的构成。
3. 简述国际商务谈判中的法律原则。
4. 简述签订国内经济合同的要求。

二、案例分析

近日，老王看中了一套商品房，这套房子所处地段好，价钱也不算高，于是老王想把它买下来。通过房产中介，老王和原房主进行了协商，基本统一了双方的买卖意向。但老王一下子拿不出这么多的钱买房子，所以只能先和原房主签订一份买房协议，并支付了 1 万元作为订金。

过了几天，房产中介却打来电话，说有其他人要出更高的价钱买那套房子，所以原房主不想把房子卖给老王了，并把 1 万元订金退还给老王。老王非常恼火，认为对方既然违约，就应支付双倍订金作为违约金。而房产中介则表示，当时老王给的是“订金”，而不是“定金”。老王思前想后，也想不明白“订金”和“定金”的区别。

请阅读案例，思考并回答以下问题：

1. 你知道“订金”和“定金”的区别吗？说一说两者的区别有哪些。

2. “订金”是否具备法律效力？如果老王想通过法律途径拿到双倍违约金，他能否打赢官司？

三、情境模拟

全班分为两组，甲组扮演法国某汽车公司，乙组扮演沙特阿拉伯某石油公司。假定甲组要到乙组处就购买石油事宜签订买卖合同。以一周为期限，各组长带领组员设计买卖合同（包括正文和附件），并写出在合同谈判过程中应注意的细节。一周后教师组织两组交换任务成果，并尽量找出对方的不足之处。